Authorized Operation of State–owned Capital and
Corporate Mergers and Acquisitions Performance
Impact Effects, Mechanisms and Economic Consequences

国有资本授权经营与
国有企业并购绩效

影响效应、作用机制与经济后果

钱怀安　著

东北财经大学出版社　大连
Dongbei University of Finance & Economics Press

图书在版编目（CIP）数据

国有资本授权经营与国有企业并购绩效：影响效应、作用机制与经济后果 /
钱怀安著. —大连：东北财经大学出版社，2025.3. —ISBN 978-7-5654-
5504-9

Ⅰ.F123.7；F279.21

中国国家版本馆CIP数据核字第20244455J1号

东北财经大学出版社出版发行

　　大连市黑石礁尖山街217号　　邮政编码　116025

　　网　　　址：http://www.dufep.cn

　　读者信箱：dufep@dufe.edu.cn

大连永盛印业有限公司印刷

幅面尺寸：170mm×240mm　　字数：194千字　印张：16.25
2025年3月第1版　　　　　　2025年3月第1次印刷
责任编辑：王天华　孟　鑫　　责任校对：赵　楠
封面设计：原　皓　　　　　　版式设计：原　皓
定价：82.00元

前言

　　国有企业是中国特色社会主义的重要物质基础和政治基础，是党执政兴国的重要支柱，也是国家治理体系的重要组成部分。党的十八大以来，国资国企改革持续深化，国有经济保持快速增长，规模稳步提升。然而，尽管国有经济在"做大"目标上取得显著成效，但在实现"做优"和"做强"方面仍存在不足。因此，如何推动国有企业实现"做强做优做大"的战略目标，成为当前亟须解决的核心议题。

　　并购作为优化资源配置、推动产业结构调整的重要手段，是国有企业实现高质量发展的关键路径之一。然而，国有企业的并购表现并不尽如人意，常常出现并购绩效低于预期的现象。这种"并购绩效悖论"引发了广泛关注，也为深化国有企业改革提出了新的挑战。党的二十大报告进一步明确了国资国企改革的目标，提出"推动国有资本和国有企业做强做优做大，提升企业核心竞争力"，为国有企业的重组整合指明了方向，也赋予了国资国企改革新的历史使命。

　　在这一背景下，国有资本授权经营改革成为国资国企改革的重要抓手。通过设立国有资本投资、运营公司，改革旨在实现政企分离，减少政府干预，激发微观经济主体活力，优化国有资本布局。国有资本授权经营不仅是提升国有企业市场竞争力的重要举措，也可能成为改善并购绩效的重要手段。基于这一背景，本书深入探讨了国有资本授权经营对国有企业并购绩效的影响，并分析了相关机制和经济后果。本书共分为7章，具体结构安排如下：

第1章是绪论。本章主要介绍了本书的研究背景与研究意义、研究目标与研究思路、研究内容与研究方法，以及主要创新点。

第2章是文献综述。本章主要从国有资本授权经营研究、国有企业并购的影响因素研究和并购的经济后果研究方面对国内外相关文献进行梳理。通过对现有文献的提炼、评述，本章旨在发现现有文献可能存在的不足之处，对已有研究进行尽可能的拓展和延伸，为后续研究提供更深入的基础。

第3章是制度背景与理论基础。本章首先介绍了国有企业并购重组的政策背景及本书重要的研究场景——国有资本授权经营。其次从出资者财务理论、产权理论、有效管理幅度理论、比较优势理论、股东积极主义理论等方面分析了国有资本授权经营体制的理论逻辑，从并购协同理论角度论述了与国有企业并购绩效相关的理论，并将上述理论与本书的研究相结合，便于分析国有资本授权经营对国有企业并购绩效的影响逻辑。

第4章是国有资本授权经营对国有企业并购绩效的影响。本章以国有资本投资、运营公司设立作为研究场景，运用多时点DID的研究方法，研究国有资本授权经营是否会对国有企业并购绩效产生影响，并进一步考察国有资本授权经营体制本身（试点力度、转变程度和公司类型）对国有企业并购绩效的影响，同时根据企业所属层级、行业性质、管理层权力大小和外部制度环境的差异，深入研究国有资本授权经营改革对国有企业并购绩效的影响差异。

第 5 章是国有资本授权经营影响国有企业并购绩效的机制分析。本章基于并购行为过程角度，从并购前的并购目标选择和并购后的并购整合能力两个方面，探究国有资本授权经营影响国有企业并购绩效的机制路径。同时，考虑到政府干预和高管机会主义行为可能引发国有企业在并购目标选择和资源整合阶段的不当行为，还进一步探讨国有资本授权经营对国有企业面临的政府干预和高管机会主义行为问题的影响。

第 6 章是国有资本授权经营、国有企业并购绩效及其经济后果。本章从提升企业核心竞争力和化解过剩产能角度，考察国有资本授权经营影响国有企业并购绩效所带来的经济后果，探讨国有资本授权经营在通过并购做大国有企业的同时，能否做强、做优国有企业。

第 7 章是研究结论、政策建议与不足。借助前文章节的理论分析与实证检验结果，本章对本书的主要研究结论进行总结。结合这些研究结论，从政府层面和国有企业层面提出相应的政策建议。最后，总结阐述本书目前尚存在的研究局限和不足，并对未来的研究内容进行了展望。

本书由江苏财经职业技术学院钱怀安撰写，是 2023 年江苏省高校哲学社会科学研究一般项目"高质量发展下国有资本参股对民营企业风险的治理效应研究"（2023SJYB1945）的阶段性成果，并且受到江苏省青蓝工程优秀青年骨干教师项目（苏教师函〔2024〕2 号）的资助。

本书还存在许多不足之处，欢迎广大读者批评指正。

钱怀安

2025 年 3 月

目录

1　**绪论** ／ 1

　　1.1　研究背景与研究意义/2

　　1.2　研究目标与研究思路/9

　　1.3　研究内容与研究方法/12

　　1.4　创新点/16

2　**文献综述** ／ 19

　　2.1　国有资本授权经营的相关研究/20

　　2.2　国有企业并购绩效的相关研究/25

　　2.3　国有企业并购经济后果的相关研究/42

　　2.4　文献述评/44

3　**制度背景与理论基础** ／ 46

　　3.1　制度背景/47

　　3.2　理论基础/60

　　3.3　本章小结/74

4 国有资本授权经营对国有企业并购绩效的影响 / 77

    4.1 理论分析与研究假设/79

    4.2 研究设计/84

    4.3 实证结果与分析/91

    4.4 稳健性检验/99

    4.5 进一步研究与分析/116

    4.6 本章小结/136

5 国有资本授权经营影响国有企业并购绩效的机制分析 / 139

    5.1 理论分析与研究假设/140

    5.2 研究设计/145

    5.3 实证结果与分析/151

    5.4 稳健性检验/165

    5.5 进一步研究与分析/183

    5.6 本章小结/188

6 国有资本授权经营、国有企业并购绩效及其经济后果 / 190

    6.1 理论分析与研究假设/191

    6.2 研究设计/194

    6.3 实证结果与分析/202

    6.4 稳健性检验/211

    6.5 本章小结/217

7 研究结论、政策建议与不足 / 218

7.1 研究结论/219

7.2 政策建议/224

7.3 研究不足与展望/226

参考文献 / 228

索引 / 249

1

绪论

1.1 研究背景与研究意义

1.1.1 研究背景

国有企业是中国特色社会主义的重要物质基础和政治基础，是我们党执政兴国的重要支柱和依靠力量，是党领导的国家治理体系的重要组成部分。国资国企应进一步提高政治判断力、政治领悟力、政治执行力，把国有企业改革发展和党的建设工作放到把握新发展阶段、贯彻新发展理念、构建新发展格局中去谋划和推动，在全面建设社会主义现代化国家新征程中坚决走在前、作贡献。党的十八大以来，国资国企改革进一步深化，国有经济保持高速增长，规模稳步提高。依照国务院发布的关于 2022 年度国有资产管理情况的综合报告；国有资产总规模已经突破 800 万亿元[①]；财政部发布的统计数据显示：2022年，全国国有及国有控股企业营业总收入达 825 967.4 亿元，同比增长 8.3%；国有企业利润总额 43 148.2 亿元，同比下降 5.1%；国有企业应交税费 59 315.7 亿元，同比增长 8.4%。截至 2022 年 12 月末，国有企业资产负债率 64.4%，上升 0.4 个百分点[②]。从总体来看，国有经济在"做大"的目标方面取得了一定的成效，但在实现"做优"的目标方面仍有欠缺。因此，如何进一步推动国有企业实现"做强做优做大"仍然是当前关注的核心议题。并购因其在扩大企业规模、加速企业成长等方面的优势已成为国有资本发展壮大的重要手段之一（Eckbo，2014；逯东等，2019；David，2021）。随着资本市场的发展，并购市

---

① 国务院.国务院关于 2022 年度国有资产管理情况的综合报告［R］.［2023-10-27］http://www.npc.gov.cn/c2/c30834/202310/t 20231027_432641.html.
② 梁晓纯，申铖.2022 年国有企业营业总收入同比增长 8.3%［EB/OL］.［2023-10-23］.http://www.sasac.gov.cn/n2588025/n2588139/c27112217/content.html.

场也日渐成熟，促使国有企业并购交易不断升温，并购对我国国有企业生存和发展的影响也在持续增强。但值得注意的是，国有企业的并购效果并不理想，呈现并购绩效悖论的情况（李增泉等，2005；潘红波等，2008；方军雄，2008；潘红波、余明桂，2011；陈仕华等，2015；周绍妮等，2017；逯东等，2019）。例如，因国有企业特殊的产权属性，国有企业的并购交易更多地受到政府的干预，而且在政府的干预下，并购大多是政府意志的转嫁，没能考虑并购目标选择的合理性，以及并购之后的整合问题，不利于企业价值创造。因此，相比民营企业，国有企业的并购并没能带来企业价值增长（潘红波等，2008；周绍妮等，2017；逯东等，2019）。党的二十大报告强调"深化国资国企改革……推动国有资本和国有企业做强做优做大，提升企业核心竞争力"。党的二十大报告赋予国资国企新使命、新任务，为国有企业推进重组整合指明了方向、提供了根本遵循。在此背景下，国有企业的并购问题的研究日益迫切，探讨通过并购快速实现国有企业做大目标的同时，如何通过提升并购绩效来推动国有企业做优、做强，才是实现国有企业高质量发展的关键举措。

现有研究发现，政府干预和管理层机会主义行为是致使国有企业并购没能实现企业价值创造的主要原因（张新，2003；潘红波等，2008；陈仕华等，2015；周绍妮等，2017；逯东等，2019）。一方面，基于政府干预视角，国有企业普遍承担着较重的社会性和战略性政策负担（Lin et al.，1998；林毅夫、李志赟，2004；曾庆生、陈信元，2006；吴联生，2009），在此背景下，并购因其在扩大企业规模和优化资源配置方面的优势，而被更多的国有企业选择。这种政府干预下的并购，更多地发挥着掠夺之手的作用，对主并方造成较大的负担（Shleifer and Vishny，1998；潘红波等，2008）。此外，国有企业还普遍受到政府官员的政治目标的影响（周黎安，2004；Li and Zhou，2005；逯东等，2012），地方政府官员主导推动拉郎配并购，快速做大当地企业，以实现自身的政治晋升（潘红波等，2008），但是这种并购交易方式，大多是政府意志的转嫁，没能考虑并购目标选择的合理性，以及并购之后的整合问题，不利于企业价值创造。另一方面，基于管理层机会主义行为视角，高管会为提升个人隐性在职消费、提升显性薪酬收入、建造个人帝国等目的而从事并购活动（Marris，1964；Baumol，1967；Jensen and Meckling，1976；Finkelstein et al.，2009），导致并购交易偏离价值创造目标（Grinstein and Hribar，2004；李善民等，2009）。国有企业一直存在着较为严重的内部人控制问题（张辉等，2016），导致国有企业管理层缺乏有效的监督，会更进一步助长管理层的机会主义行为。此外，国有企业的高管既是企业的经理人又是政府的官员，且其经理人市场相对较为封闭（Chen et al.，2018），这使其在事业发展中表现出更为明显的政治追求动机（陈冬华等，2011；许年行、罗炜，2011；郑志刚等，2012）。而政府部门在考核国有企业高管的表现时，通常将企业成长速度作为重要的评估标准（杨瑞龙等，2013），成长压力会进一步导致国有企业高管在并购交易中采取更富冒险性质的战略决策（March and Shapira，1987；Greve，2008），比如在并购交易前期低估并购中的交易风险、高估并购中的协同效应（Harding and Rovit，2004；Laurie et al.，2006），在并购支付阶段支付较高的并购溢价（Kim et al.，2011），从而对并购绩效产生不利影响（杨瑞龙等，2013；张维迎，2014；陈仕华等，2015；Cao et al.，2019）。

2013 年，党的十八届三中全会通过的《中共中央关于全面深化改革若干重大问题的决定》明确提出"改革国有资本授权经营体制，组建若干国有资本运营公司，支持有条件的国有企业改组为国有资本投资公司"，正式启动了新时期以管资本为主的国资监管体制改革。此后，国家又相继颁布《中共中央 国务院关于深化国有企业改革的指导意见》（中发〔2015〕22号）、《国务院关于推进国有资本投资、运营公司改革试点的实施意见》（国发〔2018〕23号）、《国务院关于印发改革国有资本授权经营体制方案的通知》（国发〔2019〕9号）等相关政策文件，国有资本授权经营体制的框架逐步明晰，改革的力度也在逐步增强。2014年，国务院国有资产监督管理委员会（简称国资委）首先选取国家开发投资集团有限公司和中粮集团两家企业作为国有资本投资公司改革试点，国有资本授权经营改革率先在中央企业中开展。之后又分两批先后选取了中国宝武钢铁集团、五矿集团、华润集团、招商局集团等17家企业开展国有资本投资、运营公司试点，形成了"19+2"的国有资本投资公司和国有资本运营公司试点改革格局。2022年6月，国务院国资委印发《关于国有资本投资公司改革有关事项的通知》（国资改革〔2022〕245号），中国宝武钢铁集团、国家开发投资集团有限公司、招商局集团、华润集团和中国建材集团等5家企业因"功能定位准确、资本运作能力突出、布局结构调整成效显著"，正式转正为国有资本投资公司。2022年12月，国务院国资委印发《关于进一步深化国有资本运营公司改革有关事项的通知》，明确提出"中国诚通、中国国新作为运营公司"，由试点转入持续深化改革阶段。地方层面也逐步展开试点，据不完全统计，截至2021年底，全国组建了超过150家国有资本投资、运营公司①，这些企业在"试体制、试机制、试模式"等方面进行了积极的探索与实践。自此，国有企业改革进入以"管资本"为重要内容的新阶段。作为一项新任务、新举措，改革国有资本授权经营体制，改组组建国有资本投资、运营公司，代为行使出资人职责，激发微观经济主体活力和主导国有资本布局优化，这一改革的进程和成效对国资国企改革全局具有重要影响。

---

① 翁榕涛，洪晓文. 国企改革三年行动步入收官年，"两类公司"改革成国企改革重要主线［EB/OL］．［2022-03-16］．https：//finance.sina.com.cn/roll/2022-03-16/doc-imcwipih8752437.shtml.

本书根据政策梳理①和对改革试点实践经验的总结，发现以市场化方式推进国企整合重组是国有资本投资、运营公司的根本职责使命之一，且在实践中初有成效，在推动国有经济布局优化和结构调整方面充分发挥了国有资本投资、运营公司的"助推器"作用。例如，2016年被选为国有资本投资公司试点的中国宝武钢铁集团，在试点之后，积极发挥国有资本投资公司作用，推动实施并购重组，近年来先后对马钢集团、太钢集团、新钢集团、中钢集团实施联合重组，还成为重庆钢铁的实际控制人……不断向产业链上游延伸。2020年实现"亿吨宝武"的跨越。正式成为国有资本投资公司后，中国宝武钢铁集团进一步推动兼并重组，与中钢集团联合重组，钢铁航母再扩容，产业链上下游的协同融合有助于提升其整体竞争优势，实现由大向强向优的转变升级②。此外，已有研究发现国有资本授权经营能够对国有企业的政府干预问题和管理层机会主义行为同时产生一定的治理作用（李端生、宋璐，2020；卜君、孙光国，2021；陈艳利、姜艳峰，2021；肖土盛、孙瑞琦，2021；杨兴全等，2022；綦好东等，2022），预期应该会对国有企业并购绩效悖论产生一定的治理作用。

本书拟从以下的研究思路进行分析：首先，国有资本授权经营能否发挥作用，缓解国有企业并购绩效悖论问题？并进一步考察国有资本授权经营体制本身（试点力度、转变程度和公司类型）对企业并购绩效的影响，同时根据企业所属层级、行业性质、管理层权力大小和外部制度环境的差异，深入研究国有资本授权经营改革对企业并购绩效的影响差异。其次，基于并购行为过程角度，从并购前的并购目标选择和并购后的并购整合两个方面，探究国有资本授权经营影响国有企业并购绩效的机制路径。考虑到政府干预和高管机会主义行为可能

---

① 参见本书制度背景部分。
② 庞无忌. "钢铁航母"再扩容，中国宝武与中钢集团启动战略重组［EB/OL］. ［2022-12-23］. https://baijiahao.baidu.com/s？id=1753006848504656368&wfr=spider&for=pc.

引发国有企业在并购目标选择和资源整合阶段的不当行为，还进一步探讨国有资本授权经营对国有企业面临的政府干预和高管机会主义行为问题的影响，有利于厘清国有资本授权经营影响国有企业并购绩效的逻辑链条。最后，基于党的二十大对国有企业提出的现实要求，从提升企业竞争力和化解产能过剩角度考察国有资本授权经营在通过并购做大国有企业的同时，能否做强、做优国有企业。

1.1.2　研究意义

国有企业是中国特色社会主义的重要物质基础和政治基础，国有企业开展并购重组是落实党中央、国务院关于国有经济布局结构调整部署、推动国有资本向关系国家安全和国民经济命脉的重要行业和关键领域集中的有效手段，是做强做优做大国有企业、提升核心竞争力的必然要求，也是近年来国资国企改革的重头戏。如何提升国有企业的并购绩效是一个值得深入探讨的问题。本书基于国有资本授权经营这一准自然实验，探究国有资本授权经营对国有企业并购绩效的影响效应、作用机制与经济后果，具有如下的理论意义和实践价值。

（1）理论意义

本书拓展了国有企业并购绩效在政策层面的影响因素研究及国有资本授权经营引发的微观经济后果的研究。通过考察国有资本授权经营影响企业并购绩效的作用机制和经济后果，本书为国有资本授权经营对国有企业并购绩效的影响提供了更为全面和直接的证据。本书具有如下的理论意义：

第一，从并购绩效的视角，进一步丰富和拓展了国有资本授权经营的研究范畴。已有的关于国有资本授权经营的研究大多是基于理论层面的探讨，随着实证研究逐渐兴起，现有的关于国有资本授权经营的实证研究更多偏重对企业绩效和效率的研究，而较少关注对企业并购绩效的影响。本书基于并购绩效视角，探讨国有资本授权经营对国有企业并购绩效的影响，并进一步考察国有资本授权经营体制本身对国有企业并购绩效的影响，以及企业所属层级、行业性质、管理层权力大小和外部制度环境对国有资本授权经营与国有企业并购绩效之间关系的影响。本书的研究不仅拓展了国有资本授权经营的文献体系，还为全面理解国资监管转型、释放改革红利提供了一个新颖的视角。

第二，本书以国有资本授权经营这一准自然实验为纽带，将国家宏观经济政策与企业微观经济活动相连接，研究国有资本授权经营对国有企业并购绩效的影响及其作用机制，从而拓展了国有企业并购绩效影响因素研究。目前关于国资国企改革政策对国有企业并购绩效影响的研究，多聚焦于混合所有制改革，考察非国有股东的良性治理作用，而没有考虑国有资本投资、运营公司能否发挥平台作用。本书聚焦国有资本授权经营体制改革对国有企业并购绩效的影响，并且进一步从并购行为过程出发，从并购前的并购目标选择和并购后的并购整合两个方面，研究国有资本授权经营影响国有企业并购绩效的机制路径。同时，考虑到政府干预和高管机会主义行为可能引发国有企业在并购目标选择和资源整合阶段的不当行为，还进一步探讨国有资本授权经营对国有企业面临的政府干预和高管机会主义行为问题的影响，有助于厘清国有资本授权经营影响国有企业并购绩效的逻辑链条。

第三，本书还探索了国有资本授权经营对国有企业并购绩效影响的经济后果。本研究在检验国有资本授权经营对国有企业并购绩效影响效应的基础上，从提升核心竞争力和化解产能过剩角度，考察国有资本授权经营改革在通过并购做大国有企业的同时，能否做强、做优国有企业。这些问题的考察都有助于我们加深对于国有资本授权经营这一话题的理解与认识。

（2）实践价值

第一，为国有企业和政府国有资产监管部门审视制度改革效果提供一定的经验证据，而且能为进一步深化国资监管体制改革提供政策参考。本书立足当前深化国资国企改革的现实需要，研究国有资本授权经营体制改革对国有企业并购绩效的积极影响，并在此基础上系统分析作用机制。支持国资监管机构职能转变和"两类公司"职能发挥，为下一步扩大和完善"两类公司"试点提供指导，同时为深化国资国企改革、提升国有企业核心竞争力，进而实现国有资本和国有企业做强做优做大提供参考。

第二，在当前推动国有企业完善现代企业制度，加快国有企业重组与整合，提升国有经济核心竞争力的背景下，国有企业的并购绩效问题的研究日益迫切，本书意图揭示国有资本授权经营体制改革可能是解决国有企业并购绩效问题的途径之一，并进一步从提升核心竞争力和化解产能过剩角度考察经济后果，为国有企业提升并购绩效水平提供了新的思路参考，也为引导国有企业做大做强做优，提升核心竞争力等政策的完善与实施提供经验证据。

1.2 研究目标与研究思路

1.2.1 研究目标

国有资本授权经营是国资国企改革重大举措，会对国有企业带来诸多影响。本书尝试分析国有资本授权经营是否会对国有企业并购绩效造成影响？这种影响的机制路径是什么？这种行为又会带来何种经济后果？本书的总体研究目标是：顺着这个逻辑从国有资本授权经营对国有企业并购绩效的影响效应、作用机制和经济后果三个角度进行理论探讨与实证分析，为我国后续继续加强"以管资本为主"的国资监管改革提供理论参考和现实依据。具体来讲，本书拟实现以下几个具体的研究目标：

第一，在出资者财务理论和产权理论的基础上，以国有资本投资、运营公司的改革试点作为判断企业是否进行国有资本授权经营改革的重要标志，考察国有资本授权经营是否会对国有企业并购绩效产生影响。同时，围绕国有资本授权经营制度本身（试点力度、转变程度和公司类型）进一步探讨对国有企业并购绩效的影响。同时根据企业所属层级、行业性质、管理层权力大小和外部制度环境的差异，深入研究国有资本授权经营改革对国有企业并购绩效的影响差异。

第二，从探讨机制路径角度出发，基于并购的行为过程，从并购前的并购目标选择和并购后的并购整合两个方面，探究国有资本授权经营影响国有企业并购绩效的机制路径。同时，考虑到政府干预和高管机会主义行为可能引发国有企业在并购目标选择和资源整合阶段的不当行为，还进一步探讨国有资本授权经营对国有企业面临的政府干预和高管机会主义行为问题的影响。

第三，从经济后果的视角出发，基于党的二十大对国有企业提出的现实要求，从提升企业核心竞争力和化解产能过剩角度考察国有资本授权经营在通过并购做大国有企业的同时，能否做强、做优国有企业。

第四，通过上述理论分析与实证检验，希望为提高国有企业并购绩效水平和优化国有资本授权经营制度提供政策参考。

1.2.2 研究思路

本书的研究基于国有资本授权经营的制度背景和改革实践情况，梳理发现以市场化方式推进国企整合重组是国有资本投资、运营公司的根本职责使命之一。因此，以国有企业并购绩效为落脚点，结合出资者财务理论、产权理论、有效管理幅度和并购协同理论等，确定选题为国有资本授权经营对国有企业并购绩效的影响研究。首先，实证检验国有资本授权经营对国有企业并购绩效的影响，同时，进一步考察国有资本授权经营体制本身（试点力度、转变程度和公司类型）和企业所属层级、行业性质、管理层权力大小和外部制度环境对国有企业并购绩效的影响。其次，围绕并购前的目标选择和并购后的整合能力，深入分析国有资本授权经营影响国有企业并购绩效的作用机制。同时，考虑到政府干预和高管机会主义行为可能引发国有企业在并购目标选择和资源整合阶段的不当行为，还进一步探讨国有资本授权经营对国有企业面临的政府干预和高管机会主义行为问题的影响。最后，从企业竞争力和化解产能过剩的视角考察国有资本授权经营对国有企业并购绩效影响的经济后果。本书的研究思路如图1-1所示。

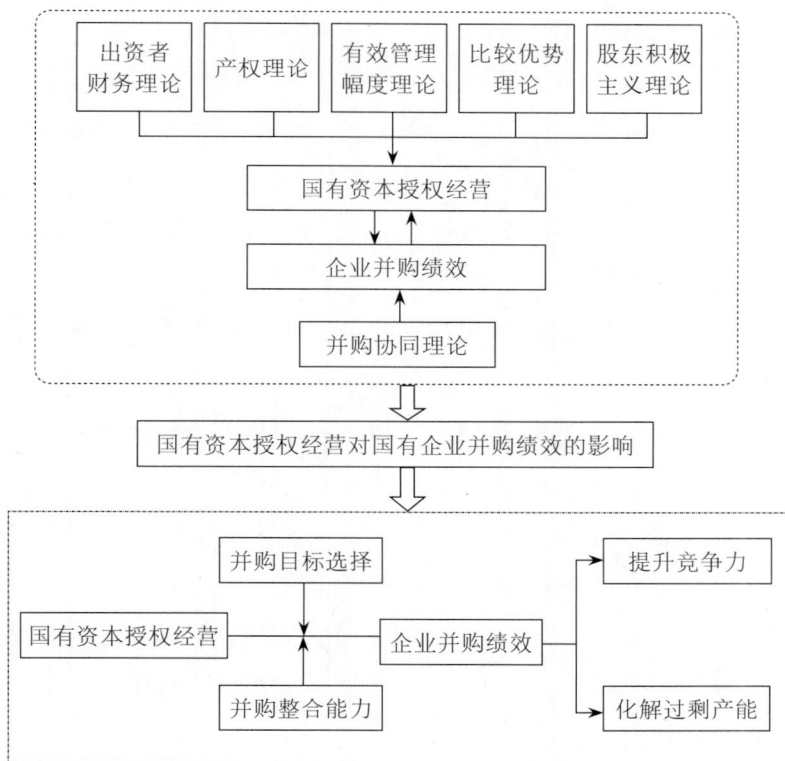

图1-1　研究思路图

1.3 研究内容与研究方法

1.3.1 研究内容

本书的研究内容共分为7章，各章的具体内容安排如下：

第1章是绪论。本章主要介绍了论文的研究背景与研究意义、研究目标与研究思路、研究内容与研究方法，以及本书的主要创新点。

第2章是文献综述。本章主要从国有资本授权经营研究、国有企业并购的影响因素研究和并购的经济后果方面对国内外相关文献进行梳理。通过对现有文献的凝练、评述，旨在发现现有文献可能存在的不足之处，对已有研究进行尽可能的拓展和延伸，为后续研究提供更深入的基础。本章还希望通过对现有文献的提炼、评述，更为直接地指出本书对已有研究的边际贡献。

第3章是制度背景与理论基础。本章首先介绍了国有企业并购重组的政策背景以及本书重要的研究场景——国有资本授权经营。了解清楚我国国有资本授权经营的发生背景、发生时间以及事件特征，对文章的进一步研究是十分必要的。其次，从出资者财务理论、产权理论、有效管理幅度理论、比较优势理论、股东积极主义理论等方面分析了国有资本授权经营体制的理论逻辑，从并购协同理论角度论述了与国有企业并购绩效相关的理论，并将上述的理论与本书的研究相结合，便于分析国有资本授权经营对国有企业并购绩效的影响逻辑。

第4章是国有资本授权经营对国有企业并购绩效的影响。本章以国有资本投资、运营公司设立作为研究场景，运用多时点 DID 的研究方法，研究国有资本授权经营是否会对国有企业并购绩效产生影响，并进一步考察国有资本授权经营体制本身（试点力度、转变程度和公司类型）对国有企业并购绩效的影响，同时根据企业所属层级、行业性质、管理层权力大小和外部制度环境的差异，深入研究国有资本授权经营改革对国有企业并购绩效的影响差异。

第5章是国有资本授权经营影响国有企业并购绩效的机制分析。本章基于并购行为过程角度，从并购前的并购目标选择和并购后的并购整合能力两个方面，探究国有资本授权经营影响国有企业并购绩效的机制路径。同时，考虑到政府干预和高管机会主义行为可能引发国有企业在并购目标选择和资源整合阶段的不当行为，还进一步探讨国有资本授权经营对国有企业面临的政府干预和高管机会主义行为问题的影响。

第6章是国有资本授权经营、国有企业并购绩效及其经济后果。本章从提升企业核心竞争力和化解过剩产能角度，考察国有资本授权经营影响国有企业并购绩效所带来的经济后果，探讨国有资本授权经营在通过并购做大国有企业的同时，能否做强、做优国有企业。

第7章是研究结论、政策建议与不足。借助前文章节的理论分析与实证检验结果，本章对本书的主要研究结论进行总结。结合这些研究结论，从政府层面和国有企业层面提出相应的政策建议。最后，总结阐述本书目前尚存在的研究局限和不足，并对未来的研究内容进行了展望。

本书的研究技术路线如图1-2所示。

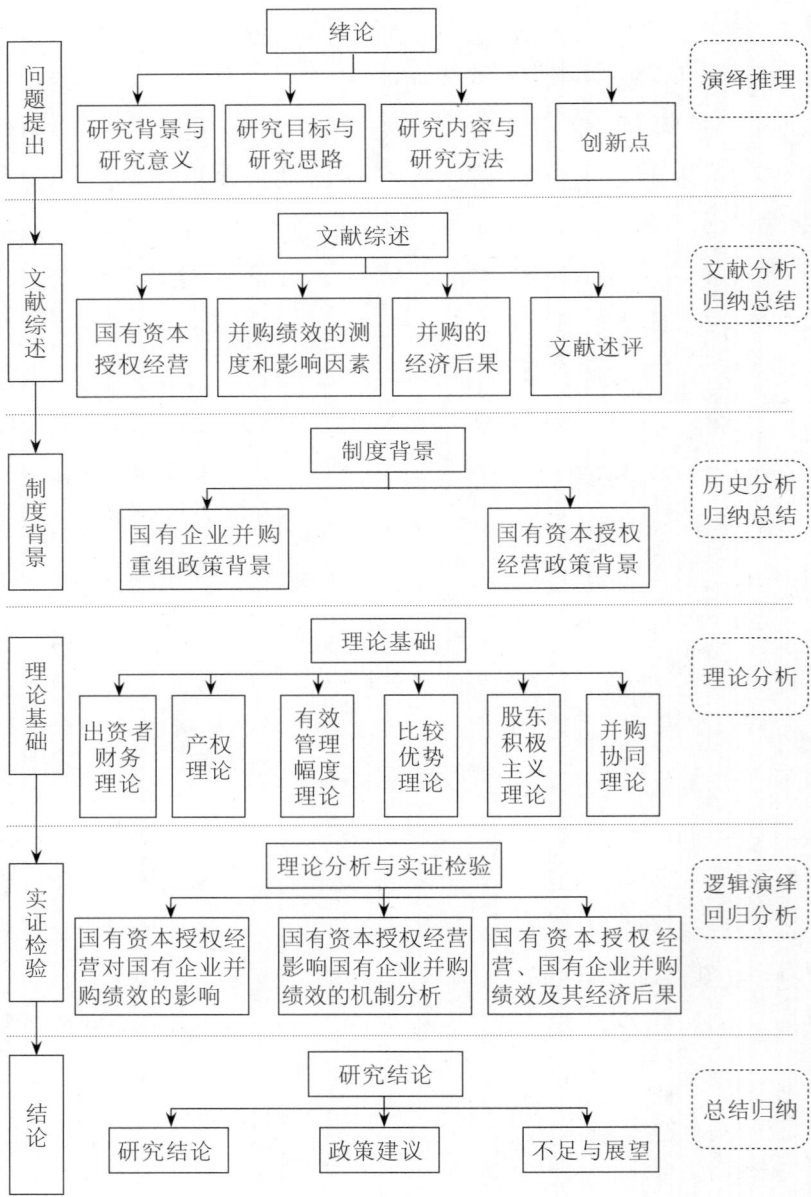

图 1-2　技术路线图

1.3.2　研究方法

本书采用规范研究方法和经验研究方法相结合的方法，运用出资者财务理论、产权理论、有效管理幅度理论、比较优势理论等，分析国有资本授权经营对国有企业并购绩效的影响效应、作用机制与经济后果。在规范分析国有资本授权经营如何影响国有企业并购绩效的基础上，采用经验研究方法对国有资本授权经营与国有企业并购绩效之间的关系进行实证检验，并实证检验国有资本授权经营影响国有企业并购绩效的渠道，以及国有资本授权经营影响国有企业并购绩效的经济后果，最后提出针对性的政策建议。

（1）规范研究方法

本书在文献综述、制度背景、理论基础、理论分析与研究假设的部分，主要应用了规范研究方法。在文献综述部分，本书借助文献研究法对国有资本授权经营的运营机制与经济后果、国有企业并购绩效的影响因素以及并购的经济后果等相关文献进行了集中梳理，掌握本主题内相关领域的研究现状，在此基础上进行文献评述，并明确本书研究的边际贡献。在制度背景部分，本书通过分析国有企业的重要地位以及国有企业的重要担当，借助纵向历史分析法梳理归纳国有资本授权经营的改革历程以及梳理相关政策文件和改革试点实践情况，归纳分析出以市场化方式推进国企整合重组是国有资本投资、运营公司的根本职责使命之一。在理论基础部分，本书通过介绍与国有资本授权经营体制相关的理论和与国有企业并购绩效相关的理论，归纳分析出上述理论在国有资本授权经营与国有企业并购绩效水平之间所发挥的作用。在理论分析与研究假设提出部分，本书借助文献分析法理清国有资本授权经营影响国有企业并购绩效的理论逻辑，并基于归纳演绎法分析国有资本授权经营对国有企业并购绩效的影响效应、作用机制与经济后果，据此提出一系列研究假设。

（2）经验研究方法

本书主要通过经验研究方法为所欲研究的国有资本授权经营对国有企业并购绩效的影响效应、作用机制与经济后果提供支持性证据。在样本选取方面，本书选取2010—2020年发生并购交易事件的沪深A股国有上市公司作为研究样本，以国有资本投资、运营公司的改革试点作为判断企业是否进行国有资本授权经营改革的重要标志，并以此作为本书样本的分组依据，将样本分为实验组和对照组。在模型选取方面，由于国有资本授权经营改革试点是逐步推进的，因此本书实验组发生政策冲击的时间点并不一致，故本书参考Beck等（2010）、Moser和Voena（2012）的做法，采用多时点DID模型来对研究假设进行实证检验。在进行实证分析之前，本书还运用统计分析法，对本书的研究样本情况进行描述性统计、相关性分析和单变量分析，建立起对本书研究问题基本情况的大致了解，为后续实证检验提供初步证据。在实证分析过程中，本书采用控制年份和公司固定效应的多时点DID模型检验国有资本授权经验的实施效果，此外，为了确保本书研究结论的可靠性与稳健性，本书还采用平行趋势检验、安慰剂检验等方法对研究设计中可能存在的计量问题进行一定的缓解和应对，并采用改变度量方法、排除替代性假设等方法进行稳健性检验，为本书结论提供更为充实的证据支持。

1.4 创新点

本书可能的创新点主要体现在以下四个方面：

第一，本书将国有资本投资、运营公司设立作为研究场景，更为直接地考察了国有资本授权经营对国有企业并购绩效的具体影响，丰富和拓展了国有资本授权经营经济后果的研究。已有关于国有资本授权经营的研究大多是基于理论层面的探讨，实证研究逐渐兴起，但大多是从企业绩效（肖土盛、孙瑞琦，2021）、投资效率（陈艳利、姜艳峰，2021）等视角出发考察国有资本授权经营的经济后果，而较少关注对企业并购绩效的影响。以市场化方式推进国企整合重组是国有资本投资、运营公司的根本职责使命之一，因此，通过检验国有资本授权经营与国有企业并购绩效之间的关系，本书为考察国有资本授权经营的直接效果提供了丰富且系统的证据支持，也为全面理解国资监管改革、释放改革红利提供了一个新颖的视角。

第二，在阐释国有资本授权经营经济后果的同时，本书还丰富和拓展了国有企业并购绩效影响因素的研究。与已有混合所有制改革通过引入非国有股东提升国有企业并购绩效的研究视角不同，本书聚焦于国有资本投资、运营公司设立这一国资监管改革的创新举措，考察国有资本授权经营体制改革能否缓解政府干预和抑制管理层机会主义行为，发挥治理作用，进而提升国有企业的并购绩效。拓展了国有企业并购绩效影响因素的相关研究。

第三，本书深入研究了国有资本授权经营对国有企业并购绩效的影响机制。基于国有企业并购行为过程角度，从并购前的目标选择和并购后的整合能力两个方面深入探究国有资本授权经营影响国有企业并购绩效的机制路径。同时，考虑到政府干预和高管机会主义行为可能引发国有企业在并购目标选择和资源整合阶段的不当行为，还进一步探讨国有资本授权经营对国有企业面临的政府干预和高管机会主义行为问题的影响，打开国有资本授权经营影响国有企业并购绩效的"黑箱"，有利于厘清国有资本授权经营影响国有企业并购绩效的逻辑链条。

第四，本书的研究具有较强的现实意义。党的二十大赋予国资国企新使命新任务，持续深化国资国企改革，推动国有资本和国有企业做强做优做大。本书研究发现，国有资本授权经营能够提升国有企业并购绩效，并且进一步细分国有企业的所属层级、行业性质、管理层权力大小和外部制度环境对国有资本授权经营实施效果的影响。这些问题的考察都有助于我们加深对国有资本授权经营这一话题的理解与认识，也为进一步实施国有资本授权经营体制改革以及提升产业链水平提供经验借鉴和政策启示。

2

文献综述

根据本书的研究问题，本章从国有资本授权经营、并购绩效的测度及影响因素和并购的经济后果三个方面进行文献综述，最后给出文献述评，为后文探究国有资本授权经营对国有企业并购绩效的影响奠定文献基础。本章的第1节主要围绕国有资本授权经营展开研究，从国有资本投资运营公司的功能定位、运营机制、设立试点公司的意义和政策效果四个方面展开，对相关文献进行梳理。第2节主要梳理了并购绩效的相关研究。首先，梳理并购绩效的度量方式。其次，重点从并购前的目标选择和并购后的整合能力两个方面来考察对并购绩效的影响梳理并购绩效的影响因素，还进一步梳理了企业特征和交易特征对企业并购绩效的影响的文献，最后，聚焦国有企业，梳理国有企业并购绩效的影响因素。第3节主要梳理了并购的经济后果的相关文献。第4节是文献述评。

2.1 国有资本授权经营的相关研究

2013年，党的十八届三中全会提出了改革国有资本授权经营制度的重要举措，即改组组建国有资本投资、运营公司，从而建立了一种全新的三层管理架构。此举在接下来的时间里得到了国务院以及财政部和国资委等政府机构的积极响应，中央和地方各级国资委也陆续展开国有资本投资、运营公司改革试点。已有文献主要聚焦在国有资本投资、运营公司的功能定位、运营机制、设立试点公司的意义和政策效果方面。

关于投资公司和运营公司的功能定位方面，现有研究提出了多种观点，其中差别论强调这两类公司在功能设置、投资领域和运营方式上应存在差异。国有资本投资公司的主要职责被看作是执行国家发展战略，通过产业投资等手段来提升其在特定领域的竞争力和影响力。

国有资本投资公司被视为推动经济增长和促进产业升级的重要推手。除了经济目标，它们还承担了国家战略和政策目标的使命，因此，它们在功能设置上具有更广泛的使命。与此不同，国有资本运营公司的主要职责被认为是在竞争性行业中采用市场化的手段来运作国有资本（廖红伟、李凌杰，2021）。这意味着它们更加注重提高国有资本的盈利性和流动性。国有资本运营公司更专注于有效管理国有资本，以提高其绩效，以便更好地满足国家和市场的需求。这种功能分化有助于更好地协调国有资本的运作，使其能够更好地满足国家的多元化目标和政策需求（胡际权，2022）。徐文进（2020）进一步研究发现，国有资本投资公司和国有资本运营公司的功能区分有助于解决因国资委职能边界不清晰而导致的国有企业发展效率低下的问题。相反，陈道江（2014）、叶陈云和杨克智（2015）则认为，两类公司之间并没有本质上的区别。胡锋和黄速建（2017）进一步收集各省市改革试点情况，发现有些省市在改组组建国有资本投资、运营公司时并没有明确区分两类公司。韩朝华（2015）也认为投资公司和运营公司应该共同承担金融性运营职能。

关于国有资本投资、运营公司的运营机制方面，国有资本投资、运营公司的设立构建了一个三层管理结构，实现了国资委和国有企业之间更有效的分离。黎精明和汤群（2020）提出，这种三层管理架构的核心在于重新配置国有企业的产权。国资委专注于监督职能不再过多干涉国有企业的运营，能够确保有效的监督，而国有企业则能够更好地激发经营活力。这一架构不仅有利于国资委更有效地行使出资人职责，还有助于国有企业更灵活地开展市场经营，提高效益。这一体系的实施可以被看作是国有资本运作的一项创新，通过明确分工，实现了国资委与国有企业之间更明确的边界，从而更好地平衡了国有资本的保值增值和经济效益（谭静等，2023）。马忠等（2017）的观点着重强调了三层管理架构中各层次的管理关注点的差异性。这种差异性导致了分层治理的必要性，需要根据不同层级的需求来精心设计专门的治理机制，以确保整个体制的有效运行。王曙光和徐余江（2016）的研究同样以不同层级之间的代理关系作为切入点，细致探讨了不同层级之间的关系，并提出了相应的解决方案。这种逐层分析有助于更全面地理解整个治理结构的有效性。

在国资委这一层级，国有资本投资、运营公司的运营机制在于减少不必要的行政化管理模式，以确保各层次之间的合作和协同运作更加高效和有效（王曙光、王天雨，2017）。根据马忠等（2017）的观点，在国有资本监督管理体制改革过程中，确立和贯彻国资监管机构的权力职能清单是至关重要的。这一步骤有助于明确各级管理机构的职责和权限，以确保管理体制更加清晰和高效。何小钢（2017）也认为，为了使三层管理机制发挥作用，国资委必须给予充分的授权和放权。张宁和才国伟（2021）强调国资监管力度的提升和战略决策的有效执行有利于两类公司治理机制的发挥。这意味着国资监管部门需要更强有力地履行其监管职责，确保国有资本的有效使用和保值增值。

在国有资本投资、运营公司这一层级，柳学信（2015）强调了两类公司的重要角色。他提出，国有企业应先进行分类改革，这样才能确保两类公司发挥作用。根据国有企业的性质，分别设立国有资本投资公司和国有资本运营公司，以明确不同的经营目标。此外，两类公司还可以通过股权运作的方式来推动国有企业进行混合所有制改革，进一步优化国有企业的股权结构。同时还强调，两类公司改革的最核心举措就在于要以市场化的方式来运作两类公司。胡迟（2017）强调两类公司要致力于完善现代治理机制，以防止国有资本投资、运营公司的管理出现行政化倾向。这一举措旨在确保两类公司能够有效履行其治理作用。麦磊等（2016）认为防止两类公司运营行政化的有效手段之一是建立明确的考核标准，并且确保两类公司切实拥有出资人权利，这有助于确保国有资本投资、运营公司能够独立、有效地履行其职责，而不受不必要的政府干预。

在国有企业层级，国有资本投资、运营公司与下属的国有企业之间应建立市场化的关系（柳学信，2015）。这种关系可以确保在国有企业的经营中，市场机制得以更好地运作，而不受非市场因素的干扰。王曙光和杨敏（2018）强调了国有资本投资、运营公司应当按照其出资比例来行使股东权利。此外，两类公司还可以通过派驻董事或监事的方式更积极地参与国有企业的运营与管理。韩朝华（2015）认为确保国资监督管理体制改革取得预期效果的关键在于国有企业内部应建立适应三层架构的有效约束和激励机制。

从试点意义的角度来看，两类公司的推出对于国资委的职能演进产生了积极作用，有助于政企分开·(胡锋、黄速建，2017）。这一举措为国资委提供了更多灵活性和多元化的管理手段，使其更好地履行其监管职能。通过推进试点，国资委有机会更好地适应市场变化，推动国有企业实现更好的发展，同时也能更有效地管理国有资本。这对于国有企业的改革和提高其整体绩效具有积极的意义。麦磊等（2016）进一步指出两类公司的设立既在一定程度上有助于减少政府对国有企业的直接干预，也有助于解决国资委职能定位的双重性问题，缓解追求社会效应和追求经济效益之间的矛盾。这种分层管理结构有助于明确国资委和两类公司的职责，从而更好地协调国有资本的运作，同时也更好地履行国资委的监管职能。张宁和才国伟（2021）提出，"两类公司"充当了国资委和国有企业之间的桥梁，它们有助于地方国资委在明晰企业能力的基础上，更有效地将战略目标分解到实际操作层面。这种协作有助于推动国资委监管职能的提升和改进，从而更好地实现国有资产的保值和增值，为国有企业的发展提供更强有力的支持（綦好东等，2023）。此外，两类公司还具有纠正市场失灵的功能，这一观点得到了何小钢（2018）的支持。李端生和宋璐（2020）也强调了两类公司的市场化运作对于纠正市场中的弊端和弥补市场失灵问题的重要性。沈尤佳和邬欣欣（2021）的研究指出，国有资本授权经营能够促进从管理国有企业到管理国有资本的转变，这一决策旨在最大化货币资本向生产资本的转化效应。具体而言，该决策旨在通过有效地管理国有资本的形态转变、整体功能以及配置布局，为国有经济的增长和壮大、国有企业的高质量发展，以及国内经济循环体系的强化提供支持。

从试点效果的角度来看，何小钢（2017）通过案例分析发现，在中国的国有资本投资、运营公司改革试点中，上海、山东、四川、广东、重庆等五个省市之间存在明显的差异。这些地区的国有资本投资、运营公司的设立数量、设立类型、功能定位和运营模式等方面，呈现出多样性和异质性。何小钢（2018）再次对山东、广东、重庆的三家国有资本投资、运营公司的试点工作进行案例分析，明确了两类公司的设立对于构建科学合理的监管架构具有积极作用。他强调了国资委放权的关键性，并提出了应分类推进两类公司改革的观点。谭静等（2023）分别对中央层面的国有资本投资、运营公司试点和省市层面的国有资本投资、运营公司试点进行探究，找出改革中的痛点与不足，并从理清两大关系、加大授权放权力度等五个方面提出深化改革的建议。李端生和宋璐（2020）运用现代产权理论和委托代理理论，深入研究了两类公司设立对企业价值的影响。他们的研究结果明确展示了两类公司在企业治理方面所具有的积极效应，进一步强调了这一改革举措的益处。此外，卜君和孙光国（2021）、肖土盛和孙瑞琦（2021）、陈艳利和姜艳峰（2021）、杨兴全等（2022）、綦好东等（2022）、陈艳利和钱怀安（2023）、王凯和王辰烨（2023）、杨李娟和熊凌云（2023）、王雪等（2023）、薄彩香和王生年（2024）分别从高管薪酬的业绩敏感性、绩效、非效率投资、创新、杠杆率、自愿性信息披露和高质量发展等多个角度深入研究了国有资本授权经营的良性治理作用。他们的研究均证明了两类公司的设立能够强化对国有企业的监督治理，同时减少了政府对国有企业的干预，有助于提升国有企业的自主经营权。这一系列研究从多个维度为国有资本授权经营体制改革提供了坚实的理论和实证支持。

2.2 国有企业并购绩效的相关研究

2.2.1 并购绩效的测度

已有文献从多个角度评价企业并购绩效，主要方法包括：事件研究法和基于财务数据的财务指标法。

（1）事件研究法

事件研究法是一种用于评估企业并购绩效的方法，它将每个企业的并购交易视为一个独立的事件。在使用事件研究法时，首先确定要研究的事件，如并购宣布、完成或终止。然后，明确定义事件期，通常包括事件宣布日期前后的一定时间段。在事件期内，计算相关企业的股价或收益率变化，包括超额收益率，即实际收益率与市场基准收益率之间的差异。最后，通过统计方法，如单因素 T 检验或回归分析，来评估超额收益率是否在事件宣布前后发生了显著变化。事件研究法能够客观评估并购事件对企业绩效的影响，为决策者提供有关并购决策的重要信息。这种方法有助于了解并购活动对股东财富的影响。

事件研究法可以分为短期事件研究法和长期事件研究法。短期事件研究法关注的是事件宣布后的短期反应，通常在事件宣布前后的几个交易日内进行分析。短期事件研究法旨在捕捉市场对并购消息的即时反应，以评估股价变化和市场反应的短期效应。短期事件研究法通常使用累计超额收益率（Cumulative Abnormal Return，CAR）来衡量短期市场绩效。CAR代表了在事件期内企业股票的累计超额收益，即实际收益率与市场基准收益率之间的差异的总和。通过CAR的计算，可以了解市场对并购消息的短期反应，以及事件宣布对企业股价的影响。相比之下，长期事件研究法的事件期更长，可以涵盖数年的时间。长期事件研究法旨在更全面地评估并购对企业绩效的长期影响，包括在事件宣布后的更长时间内的股价表现和经营绩效。长期事件研究法一般使用累计超额回报率（Buy and Hold Abnormal Return，BHAR）来衡量长期市场绩效。BHAR代表了在事件期结束后，投资者持有股票并在一定持有期内获得的累计超额回报。长期事件研究法考虑了事件期后的长期股价表现，因此能够更全面地评估并购对企业的长期市场绩效。

根据研究的目的和时间范围，短期事件研究法和长期事件研究法都有其独特的优点和应用场景。短期事件研究法有助于了解市场对并购消息的瞬时反应，而长期事件研究法提供了更全面的长期绩效评估。通过这两种方法的结合，研究人员可以更全面地评估并购活动对企业和股东的影响。不同研究采用了不同的时间窗口来计算累计超额收益率（CAR）和累计超额回报率（BHAR），以考察并购活动的短期绩效和长期绩效。例如，吴超鹏等（2008）强调了并购公告前后11个交易日内的CAR，着重于短期市场绩效的评估。陈仕华等（2013）和Goranova等（2017），计算了并购公告当天及之后4个交易日内的CAR，突出短期绩效的研究。同时，还有研究采用了更短的时间窗口，李曜和宋贺（2017）以并购交易宣告前后1天来计算股票的累计超额回报率，关注短期内的绩效。还有一些研究，如王艳等（2020）、李善民等（2020）、佟岩等（2021），结合了不同时间窗口，包括并购宣告前后1天、2天和5天，以及并购后12个月、24个月和36个月来计算CAR和BHAR，在不同时间跨度内综合评估绩效。另外，一些研究，如Yang等（2019），关注了长期绩效，以36个月作为事件窗口，来计算持有的累计超额收益率。黄福广等（2020）则以12个月作为事件窗口，来计算累计超额收益率，以评估长期绩效。这些不同时间窗口的选择反映了研究者对短期绩效和长期绩效的不同关注，有助于更全面地理解并购活动对企业和股东的影响。

（2）财务指标法

财务指标法是一种用于评估企业并购绩效的方法，它关注并购前后企业的财务指标或财务指标组合的变化，以量化绩效影响。该方法包括选择关键财务指标、比较并购前后的指标、进行统计分析，以及解释变化的步骤。通过这种方法，研究者和决策者可以客观评估并购对企业财务绩效的影响，了解是否实现了财务目标，并评估对企业价值和经营绩效的影响。这为全面了解并购绩效，特别是在财务方面，提供了重要的信息。现有文献大多采用基于财务数据的单一财务指标分析法来测度企业的并购绩效。

周绍妮和文海涛（2013）基于产业所处的发展阶段来度量企业的并购绩效，采用不同的财务指标在各发展阶段进行评价，以综合评价并购的效果。在初创阶段，他们更关注营业收入和市场占有率，以此来衡量企业的并购绩效，这有助于衡量市场进入和发展情况。在规模化阶段，他们关注毛利率、市场占有率等，以更全面地评估绩效，特别关注了盈利和成本方面的影响。在集聚阶段，他们更为关注企业价值和营业收入净利率，以此考察并购对企业价值和盈利的影响。最后，在平衡和联盟阶段，他们以境外营业收入比例和品牌数或产品数来评估并购绩效，强调合并后的市场地位和国际业务的增长情况。通过这种多维度财务指标的选择，他们提供了更具深度和全面性的方法来评估不同阶段的并购绩效。

陈仕华等（2015）、逯东等（2019）、Lyu 和 Wang（2020）、马勇等（2020）等学者通过比较并购首次公告日前后 2 年的总资产收益率平均值差异和托宾 Q 值平均值差异来评估企业的并购绩效。这一度量方法提供了一个直观的方式来评估并购绩效，并可以为研究者和决策者提供有关并购活动的信息，特别是在长期投资绩效方面。王艳和李善民（2017）、周绍妮（2017）采用净资产收益率之差来评估并购绩效。他们分别比较了并购前后 1 年、2 年和 3 年的净资产收益率，以度量并购活动对企业长期绩效的影响。这种方法提供了关于并购效果的持续性信息，因为它关注了在并购后的较长时间内净资产收益率的变化。更高的净资产收益率差异通常被视为积极的绩效影响。赖黎等（2017）以股票收益率的标准差和会计收益率的标准差作为衡量企业并购绩效的指标。这种方法关注了股票市场反应和会计财务数据的波动情况，旨在评估并购对企业绩效的不确定性和风险。更高的标准差通常反映了股票市场对并购活动的不确定性，同时也可能反映了会计财务数据的波动。Yang 等（2019）采用经过行业调整后的现金流量和资产收益率来测度企业的并购绩效。这一方法的关键在于考虑了行业因素的影响，因为不同行业的经营环境和资本需求可能会导致不同的绩效表现。通过进行行业调整，研究者可以更准确地评估并购活动对企业的影响，特别是在资产回报和现金流方面。

2.2.2 并购绩效的影响因素分析

关于企业并购绩效的影响因素，在已有文献中，有的是基于并购行为过程角度，从并购前的目标选择和并购后的整合能力两个方面来考察对并购绩效的影响，还有的是从企业特征角度（公司治理因素、并购经验、董事会特征和高管个人特质）和交易特征角度来考察对并购绩效的影响。

（1）并购目标选择对企业并购绩效的影响

企业并购中，选择目标公司被认为是至关重要的决策，而目标公司的特征对主并购方绩效产生的深远影响一直备受学者们的关注。与西方国家不同，我国的并购更多地呈现出关联并购特征（李增泉等，2005；黄兴孪、沈维涛，2006），尤其是国有企业的并购更容易受到政府的干预，因此，也更可能实施关联并购。现有研究对关联并购与企业价值之间的关系进行了大量探讨。一部分学者认为关联并购的双方关系更为密切，双方之间的信息沟通相对也更为顺畅和密切，这能够降低双方之间的信息不对称，减少并购过程中的目标公司搜寻成本、谈判成本等交易成本，从而有助于提高主并购方的价值（李善民等，2013；巫岑、唐清泉，2016）。蒋薇和张晓明（2019）更进一步考虑大股东是否存在控制权和现金流权分离对关联并购的影响，研究发现，当大股东不存在控制权和现金流权的分离时，关联并购并不会导致主并购方企业价值的下降。还有一部分学者认为关联并购不利于主并购方价值的提升。关联并购呈现出粉饰财务报表的特质，并不利于企业财务绩效的提升（陈信元等，2003；周绍妮等，2017），尤其在外部法律体制不完善的情况下，大股东可以采用关联并购的方式达到掏空公司的目的（Denis and Mcconnell，2003）。关联并购成为向关联方输送利益的重要手段之一（罗党论、唐清泉，2007），甚至有的企业会出于政治目的考虑，通过关联并购挽救关联的亏损企业。还有的企业会为了向关联方输送利益而选择支付更高的并购溢价（姜英兵，2014）。

此外，无关多元化并购是一种企业向不相关领域扩张的发展策略，尽管也有可能是企业试图进行战略升级和转型，但这种并购行为更多地被视为管理层出于私利的行为或者受到政府干预导致的结果（Jensen and Meckling, 1976; Morck et al., 1990; 陈信元、黄俊, 2007; 方军雄, 2008）。值得注意的是，无关多元化并购可能会导致主并购方面临一系列挑战和风险，如管理困难、资源分散、文化冲突等。当企业并购双方来自相关行业时，这往往有助于提升并购后产品在市场中的份额，同时增强了企业的垂直整合能力。这是因为相关行业的并购更容易实现战略协同效应，充分利用双方的经验和资源，进一步巩固了市场地位。相比之下，如果并购双方来自不相关行业，主并购企业可能面临一些挑战。其中之一是信息不足，因为他们可能对目标公司所在行业了解不够深入，难以客观准确地评估其价值。此外，文化差异和经营模式的不匹配也可能成为问题。因此，已有研究结果大多支持了相关行业并购相较于非相关行业并购获得更佳并购绩效的观点（周小春、李善民, 2008）。

代理假说提出，由于普遍存在的信息不对称问题以及企业不完善的监督机制，管理者在企业内部具有相对强势地位。在这种背景下，多元化并购被视为一种可能满足高管自身利益的手段。管理者通过公司的多元化并购战略，可以获得更丰厚的薪酬，也能带来权力和地位的提升（Jensen, 1986），甚至能够提升管理层对职业生涯的预期以及增加职业发展机会（Gibbons and Murphy, 1992）。这一观点强调了高管在企业决策中的自利动机，他们更关注个人收益，而不仅仅是公司的整体利益。多元化并购被视为一种手段，可以让高管在追求自身利益的同时，掩盖其自身的自利动机。然而，多元化并购不一定总是对公司和股东最有利的，因此需要有效的治理机制和监督来确保管理者的行为符合公司整体利益。根据Shleifer和Vishny（1989）的观点，管理者会利用多元化来保护自身的地位和权力，因为多元化可以让他们掌握更多的杠杆，减少被解雇或替代的风险。然而，这也可能导致管理者在追求自身利益的同时忽视了股东的最佳利益。这种情况下，管理者可以获得更高的薪酬，并享有更多的战略决策权。Denis 等（1997）认为管理层和大股东的股权持有情况会影响到他们的并购动机。他们发现管理层和大股东的持股比例与公司的多元化程度负相关。企业的代理问题会导致管理层坚持采取那些可能损害公司价值的多元化战略。另外，竞争公司的威胁、企业财务压力和管理层变动等因素也是公司降低多元化程度的重要原因。李善民和朱滔（2006）的研究指出，在多元化并购完成后的 3 年内，企业的长期市场绩效未呈现上升趋势，反倒是出现了下降。这表明多元化并购对公司的市场表现产生负面影响。方军雄（2008）的研究表明，政治关联对多元化并购绩效产生显著影响。地方政府直接控制的企业更受地方政治因素的影响，因此更倾向于与本地企业进行并购，以满足地方政府的利益。而中央政府控制的企业更具备更大的资源和能力，因此更容易实施跨地区并购，以实现更广泛的战略目标。

（2）并购整合对企业并购绩效的影响

并购整合是指企业在进行合并或收购后，根据事先确定好的战略方针和目标，对合并双方的人力资源、财务和其他关键要素进行有序的调整和安排，以实现两者的有效融合，使其成为一个整体。这个过程引起了广泛的学者关注。Jemison 和 Sitkin（1986）指出，并购过程包含了企业进行合并或收购时所经历的一系列步骤和阶段，包括交易前的并购目标选择，以及交易完成后可能需要持续一段时间的并购整合。他强调并购活动不仅仅是交易的完成，还包括之后的整合和管理，以确保成功地实现并购的战略目标。因此，相比于是否需要进行并购，选择合适的并购目标并进行有效整合是企业成功实施并购的关键要素。企业需要考虑目标公司是否与其战略愿景相符，是否具有潜在的协同效应，以及如何有效地整合两个实体以实现业务增长和价值创造。

　　Haspeslagh 和 Jemison（1993）提出更好地管理并购决策和整合过程，可以最大程度地发挥并购对企业战略更新的潜在作用。企业需要重视并购的两个关键方面：收购前决策和收购后整合。收购前决策，即在选择并购目标时，企业需要对候选公司进行全面的尽职调查，以确保目标与企业的战略愿景和目标相一致。这个阶段的决策质量对整个并购的成功至关重要。收购后整合，即一旦并购完成，企业需要有效地整合目标公司的资产、人员和运营，以创造协同效应，提高整体绩效。Zhang 等（2015）研究了领导风格对企业并购整合效果的影响，结合我国特殊的文化和制度环境，领导者采用更具权威性和指导性的管理风格，关注任务和关系的重要性，可以更好地维持并吸引优秀的人才，同时也促进了并购后的有效整合。Schriber 等（2021）的研究强调了管理层在并购整合过程中的时间管理对绩效的重要性。他们发现，并购整合持续时间越长，并购绩效越低。管理层需要谨慎选择并购策略，并有效地管理整合过程的时间，以确保取得良好的绩效。此外，国内的并购整合研究也涵盖了企业文化融合、战略整合、人力资源整合等多个方面。这表明并购整合是一个多维度的过程，需要考虑众多因素，以实现成功的绩效。李善民和刘永新（2010）的研究结果强调了市场整合和生产运营整合的程度及整合的速度对企业并购绩效的提升具备重要作用。提高市场和生产运营的整合程度、加快整合的速度有助于更好地发挥成本的协同效应，最终帮助企业实现业绩和绩效的双重提升。因此，在并购过程中，及时有效的管理整合对达成绩效至关重要。刘睿智等（2014）展开调研，对并购整合对并购绩效的影响进行了实证检验。研究结果显示，高度整合的公司的财务绩效和市场绩效更高。具体而言，资产和债务整合能够提升并购后的财务绩效。然而，资产和债务整合对并购后的市场绩效没有明显作用。此外，研究还强调了不同整合内容在不同情境下的影响。这项研究强调了并购整合的多维度性质，企业需要综合考虑各种因素来提高并购绩效。杨道广等（2014）的研究关注了内部控制质量对并购整合和绩效的影响。高质量的内部控制有助于确保公司的各项运营和管理活动在并购过程中更加有效和顺利地进行。这包括财务报告的准确性、合规性、风险管理和治理流程的有效性等。因此，内部控制质量在并购整合中发挥了关键作用，提高质量有助于降低风险，提高效率，最终增强并购绩效。孟凡臣等（2016）的研究聚焦于文化整合与跨国并购绩效之间的关系。跨国并购往往涉及不同文化、语言和管理风格的整合。这些文化差异对并购的绩效产生积极或负面影响，具体取决于企业的跨文化吸收能力。不同的吸收能力维度可以通过不同途径影响并购绩效。通过改进识别能力，企业可以更好地理解目标公司的文化，从而提高整合的有效性。徐经长和李博文（2022）研究重大资产重组时募集配套融资对企业并购绩效的影响，他们认为配套融资本身就是为了并购后的整合提供资金支持，从而确保企业能够高效地完成并购整合。因此，并购整合是配套融资提升主并购方并购绩效的核心机制。

（3）企业特征对并购绩效的影响

在公司治理因素方面，袁天荣和王霞（2021）的研究分析了主并购方的财务报告信息可比性会对企业并购绩效造成的影响，发现信息可比性在并购活动中扮演着重要的角色，可比性的提高减少了信息不对称，提高决策的准确性和效率，从而有助于实现更成功的并购。进一步探寻其中的机制路径，发现财务报告信息可比性与并购绩效之间的正向关系部分源于其在降低管理层代理冲突和在并购活动中发挥治理效应的作用。这意味着财务报告信息可比性的提高有助于减少管理层代理冲突，从而提高了并购活动的治理效率。Zhou等（2015）的研究分析了主并购方的性质与并购绩效之间的关系，并发现国有企业作为主并购方的情况下，其长期绩效表现优于私营企业作为主并购方的情况。李路等（2020）的研究分析了主并购方的管理层与被并购方所在地的语言距离对企业并购绩效的影响，管理层与被并购方所在地的语言距离越大，对并购绩效的影响越不利。语言障碍导致沟通不畅和误解，从而影响决策的质量和执行的效率，进而影响并购的绩效结果。根据顾露露和Robert Reed（2011）的研究，国有企业在进行海外并购时，其海外并购绩效是不如民营企业的海外并购绩效的。

在并购经验角度方面，孙烨等（2021）探讨了企业的并购经验对并购绩效的影响。研究结果表明，与之前的并购失败经验相比，之前的并购成功经验对改善并购绩效具有积极作用。这意味着企业在进行新一轮并购时，如果之前曾经成功完成过并购，那么他们更有可能在新的并购中取得更好的绩效结果。陈仕华等（2020）探讨了企业首次并购的失败程度对后续并购绩效的影响。相比之下，首次并购失败程度较大的企业的后续并购绩效较差。这表明首次并购的成功或失败对企业未来并购绩效产生重要影响，成功的首次并购经验有助于企业更好地应对后续的并购挑战，并取得更好的绩效结果。这一发现强调了企业在首次并购中的决策和执行的重要性，以及首次并购经验对企业的长期并购绩效的影响。

在董事会特征方面，Jeong（2021）基于跨行业并购交易事件研究跨行业并购对企业并购绩效的影响，发现主并购方的多元化管理能够助推企业并购绩效的提升。进一步研究发现，多元化管理对企业并购绩效的提升作用在合并双方规模差异较大、合并双方的行业关联度更高的情境下更为显著。这表明多元化管理可以帮助企业更好地应对复杂的并购环境，提高并购的成功概率，并取得更好的绩效。何瑛和马添翼（2021）的研究发现董事会内部的组织和决策结构的明确性与企业的长期并购绩效之间存在正向关系。清晰的董事会层级结构有助于更有效地监督和指导企业的并购活动，从而提高长期绩效的质量。Stein 和 Zhao（2019）研究度量执行董事关注力对企业并购绩效的影响，结果发现，董事会中独立执行董事的关注力分散程度与企业并购绩效呈负相关关系。当董事会中的独立执行董事分散关注力时，企业的并购绩效通常较差。余鹏翼和王满四（2018）的研究探讨了董事会成员担任多重职位对企业并购绩效的影响。当董事长兼总经理时，企业的并购绩效通常较好。这种情况有助于加强领导层的决策一致性和协调性，使企业更具执行力，有利于实施并购战略。而连锁董事对并购绩效产生负面影响，这表明当董事会成员在多个董事会之间具有连锁关系或担任多个董事职位时，企业的并购绩效可能受到不利影响。陈仕华等（2013）发现，主并购方与被并购方之间存在董事联结有助于企业并购长期绩效的提升，但是对短期绩效没有明显的提升作用。陈艳利和戚乃媛（2022）也发现董事会非正式层级能够显著提升企业并购的协同整合效应。

在高管个人特征方面，柳建华等（2021）研究发现管理层能力与企业并购绩效呈现正相关关系，并且提高管理层的决策和执行能力有助于更好地规划和实施并购，减少商誉减值的风险，并最终实现更好的并购绩效。张先治和杜春明（2020）也发现管理层的高水平能力与更好的并购绩效之间存在着正相关关系。在并购活动中，具备较高能力的管理层更有能力有效规划、执行和整合并购，从而实现更好的绩效结果。Schweizer 等（2019）的研究指出，高管出于"政治帝国构建"的目的进行跨国并购，特别是那些与政治关系密切的高管。在这种情况下，高管更倾向于追求政治或个人的利益，而不是公司股东的利益。因此，这些跨国并购的绩效往往较差。赵乐和王琨（2020）研究发现，高管团队内部的结构密度与并购绩效之间存在正相关关系。当高管团队内部的成员之间有更多的信息传递和合作时，沟通效率更高，从而带来更好的并购绩效。周中胜等（2020）的研究则强调高管团队的国际经验对海外并购绩效的重要性。他们的研究发现，具有海归经历的高管能够显著提升海外并购的绩效。这意味着高管团队中有经验丰富的成员，特别是那些熟悉国际市场和文化的成员，能够更好地理解和应对跨国并购中的挑战，从而提高并购绩效。李善民等（2015）研究信息优势的利用程度对企业并购绩效的影响，发现管理者的过度自信导致他们低估了搜集和分析信息的重要性，不愿意积极搜集信息，从而在决策过程中忽略了关键的信息，导致不良的并购结果。李卫民和黄旭（2014）的研究结果显示，女性高管在企业并购中发挥着积极作用，有助于提高并购绩效。这一发现强调了性别多样性和包容性的领导团队对企业绩效的重要性。在并购决策中，高度谨慎、善于协作的女性高管能够帮助企业更好地应对挑战，提高绩效，这对于企业的长期成功至关重要。

（4）交易特征对并购绩效的影响

就并购类型而言，并购类型的定义标准存在多种不同的观点。通常，相关并购定义为同一产业内不同企业之间的合并，也就是横向合并。这种类型的并购通常涉及同一产业内的竞争对手或相关领域的企业。相比之下，不相关并购是指两家公司不属于同一产业或领域的合并，包括混合并购（即涉及不同产业的合并）和纵向并购（即沿着供应链上下游的合并）。不相关并购通常涉及跨足不同领域或产业的企业，其合并动机可能包括多元化经营或寻求新的增长机会。协同效应理论认为，相关行业并购通常更容易创造协同效应，从而产生更高的绩效，合并后的公司可以更容易地整合资源、技术、客户基础等，以提高效率和降低成本。相比之下，非相关行业并购可能更具挑战性，因为不同行业之间的业务和运营方式可能差异较大，整合可能更加复杂。Montgomery 和 Singh（1984）用事件研究法来研究并购的相关性对并购绩效的影响，发现相对于不相关并购，相关并购更能为主并购方创造价值。这一发现支持了协同效应理论，即在相关行业中并购更容易实现资源整合和产生协同效应，从而提高企业的绩效。冯根福和吴林江（2001）对我国上市公司展开研究，结果发现，不同类型的并购对并购绩效的影响不一致，从短期来看，混合并购更具优势，但从长期来看，横向并购更具优势。这表明在中国的并购市场，横向并购更有可能创造长期价值。

Elgers 和 Clark（1980）、Chatterjee 等（1986）研究发现，混合并购更具优势，能够为并购双方创造更高的价值。这与其他研究结果形成了一种不同的观点，表明混合并购在某些情况下具有创造价值的潜力。这也强调了并购领域的多样性和复杂性，因为不同的情境和战略目标可能会导致不同类型的并购实现不同的绩效效果。此外，纵向的技术并购更有助于促进企业并购绩效的提升（张弛、余鹏翼，2017）。刘笑萍等（2009）研究了并购类型、行业周期和并购绩效之间的关系，认为并购的绩效不仅受到并购类型的影响，还受到行业周期性特征的影响。成长行业与衰退行业进行混合并购可能会创造更多的价值。

就关联交易而言，关联交易是指公司与其控股股东和控股股东控制下的其他公司之间的并购行为。这种并购通常涉及同一股东或股东集团内的不同企业之间的交易。在一些相关的研究中，已经有学者发现关联交易可能对并购绩效产生负面影响。王一棣等（2017）研究表明，在中国的 A 股市场中，关联并购的绩效明显比公允并购低。在中国的情境下，关联并购存在更多的代理问题或其他因素，导致并购绩效不佳。唐清泉和韩宏稳（2018）指出，在中国

A 股市场的并购事件中，关联并购对并购方公司的价值产生了显著负面影响。

　　对于并购的交易特征，主要研究了跨国并购和国内并购对绩效的影响，国内并购进一步可以分为同地并购和异地并购。目前，关于跨国并购对绩效的影响尚未形成一致的结论。然而，大多数研究认为跨国并购通常不利于绩效。有一些学者提出了不同的观点，认为跨国并购对绩效产生正向影响。例如，Black 等（2015）研究表明，大型并购方企业购买国外目标会获得更优越的长期收益。同地并购和异地并购的影响也在学术研究中得出了不同的结论。Chi 等（2011）的研究表明，跨省并购能够为中国并购方企业创造更多的价值。潘红波和余明桂（2011）的研究发现，地方国有企业较少进行异地并购，因为异地并购会导致政府支持的减少，从而不利于企业价值增长。

　　就物理距离和文化距离而言，Cioli 等（2020）研究发现文化距离有助于主并购方拓展市场和获取新资源，带来创新、多样性和新的商机。文化差异可以激发团队的创新潜力，为主并购方带来更多的机会，有助于提高其市场地位和盈利能力。然而，文化差异可能导致管理层和员工之间的沟通问题，降低了协同和协作的效率，对目标公司的绩效产生不利影响，导致其在并购后的经营状况恶化。蔡宁（2019）研究了文化差异对并购绩效的影响，发现文化差异越大的并购，通过激发创新和多元化、资源互补、风险分散越能对并购绩效产生积极的影响，具体表现在市场的正面反应上。该研究还强调了在并购决策中考虑文化差异的重要性，并在实践中寻找如何更好地利用这些差异以实现更好的绩效。

2.2.3　国有企业并购绩效的影响因素分析

　　国有企业因其特殊性，导致其并购活动也具有独特性，关于国有企业并购独特性的研究主要涉及政府干预和高管机会主义行为两个方面（逯东等，2019；胡建雄，2021；何瑛等，2022；马勇等，2022）。由于国有企业通常与政府有密切关系，政府在国有企业并购中会扮演重要的角色。政府可以通过政策、补贴、许可和监管等方式影响国有企业的并购决策。这种政府干预可能对并购绩效产生积极或负面影响，具体取决于政府的政策和干预方式。高管机会主义行为是指国有企业高层管理人员可能在并购中追求自身利益而不是公司利益。这可能包括获取更多权力、薪酬激励、职位晋升等。高管机会主义行为可能导致不恰当的并购决策，从而对绩效产生负面影响。对这些问题的研究有助于更好地理解国有企业并购的特殊性，以及如何应对政府干预和高管自利问题，以提高并购绩效和确保公司的长期利益。

（1）政府干预与国有企业并购绩效

国有企业通常承担着政府的政策性负担和政治治理职能（廖冠民、沈红波，2014），这反映了政府赋予国有企业在经济、社会和政治方面的重要角色。国有企业具有特殊的地位，它们既是经济市场参与者，又是政府实施政策和进行干预的重要工具。由于这种紧密的联系，国有企业的并购活动更容易受到政府的影响（潘红波等，2008）。这一现象是由多方面因素造成的。首先，政府通常通过发布政策、法规和指导意见来引导国有企业的行为。这些政策包括鼓励国有企业参与特定行业或领域的并购，或者限制或监管国有企业的并购行为。其次，国有企业改革通常是政府政策的一部分，政府会通过并购来调整国有企业的产业结构、优化资源配置或推动市场竞争（刘星、吴雪姣，2011）。另外，政府利用上市公司的"壳资源"以支持经济发展或产业政策，通过鼓励企业进行并购，以获取新资源或技术，从而增强其竞争力和创新能力。政府通过制定并购市场的规则，来保护本地企业免受外部竞争或鼓励本地企业收购所谓的"劣质资产"。这种政府的干预可以包括设立并购壁垒、审查和批准外部企业的并购交易，或制定地方性政策来推动本地企业的活跃参与（方军雄，2008）。黄兴孪和沈维涛（2009）以政府干预和内部人控制为关键变量研究它们对公司并购绩效的影响。中央企业的并购绩效要优于地方国有企业的并购绩效，地方政府更多地干预地方国有企业，因此地方国有企业更容易通过并购来实现地方性的经济和政治目标。此外，研究还指出适度的政府干预对并购绩效有积极影响。这表明政府在适度的情况下可以促进企业并购活动，有助于实现更好的绩效结果。刘钊等（2014）也探讨了政府干预对企业并购绩效的影响，研究发现，在政府干预程度较低的地区，杠杆缺口大的企业会更谨慎，这会导致并购的意愿较低，从而有助于并购绩效的提高。这意味着企业更愿意进行低杠杆的并购，并且这种并购倾向有助于实现更好的绩效结果。然而，在政府干预程度较高的地区，其并购绩效相对较低。这表明政府干预可能造成资源配置的扭曲，导致企业在高度政府干预的环境中难以实现预期的绩效提升。总的来说，这项研究强调了政府干预对国有企业并购绩效的潜在影响，并指出政府的过度干预可能会阻碍企业的资源配置和并购决策，从而降低绩效水平。减少政府干预有助于提高国有企业的并购绩效。在某些情况下，地方政府的官员面临升迁和政绩考核的压力。为了促进地方经济的发展和达到政绩目标，他们通常会寻求途径来推动当地国有企业的增长和扩张。这种情况会刺激企业积极追求扩张和并购，不仅出于经济考虑，还为了满足政治需求。李文贵和余明桂（2017）研究发现，在一些地区，由于产权保护制度的不健全，政府更倾向于采取一种特殊的并购策略，即通过支持国有企业并购民营企业，完成民营企业的国有化。这一现象主要是受到政府控制需求动机的推动。在产权保护较差的地区，政府认为通过国有企业收购民营企业可以更好地控制和引导经济资源，实现政府政策目标。这种需求源于政府对经济的广泛干预，以确保政策的实施。同时，政府也想从并购取得的价值增值中获利。通过国有化民营企业，政府可以分享企业增值的一部分，这可以为政府提供财政收入并支持地方政府的财政需求。

（2）管理层机会主义行为与国有企业并购绩效

我国的国有企业，包括中央企业和地方国有企业，通常都具有一些共同特征。其中，国有企业的高管往往由政府委派或指定，这一安排反映了政府在国有企业中的权威地位。在这种体制下，政府的政策目标和企业的经营效益之间可能存在冲突，而国有企业经常被赋予政府的政策性任务，如承担社会责任或政府的战略目标。国有企业的高管既是企业的经理人又是政府的官员，这促使国有企业高管在工资薪酬难以提升的情况下更容易受到政治晋升的吸引。此外，基于委托代理理论，国有企业管理层更有可能为了个人私利而损害股东利益。当前，国有企业的高管还面临着来自政府的规模导向的考核要求，想要做大国有企业。这意味着他们的绩效评估与国有企业的规模扩张紧密相关。因此，国有企业高管倾向于在其任期内通过实施并购投资等手段，来迅速扩大国有企业的规模。这种扩张是为了满足政府政策要求和政治晋升，提升自身职业前景。然而，这种规模导向型的扩张可能对国有企业的经营绩效和可持续性产生一定的影响。在追求规模扩张的过程中，国有企业高管可能会面临并购决策的复杂性和风险。陈仕华等（2015）的研究发现，国有企业高管可能会为了个人私利实施并购投资以实现企业规模的扩大，但这时的并购并不利于国有企业的长期价值创造。这种动机导致高管在并购决策中更关注短期的个人利益，而忽视了国有企业的长期可持续性和股东价值。因此，他们会偏向追求规模扩大，而不是谨慎考虑并购活动的战略和财务风险。这种行为可能对国有企业产生负面影响，因为不合理或冒险的并购决策可能导致资源的浪费、财务风险的增加和公司绩效的下降。高管的政治晋升机会也会影响到企业的并购，高管的政治晋升机会与多元化并购呈现正相关关系。在并购发生后的短期内，企业的绩效会表现得更好，因为多元化并购通常会增加公司的规模和市场份额。然而，研究也发现，虽然短期内多元化并购提高了企业的绩效，但从长期来看绩效会下降。这表明，高管的短期政治动机导致他们在并购决策中忽视了长期战略利益，从而损害了企业的长期可持续性（任天龙、陈志军，2017）。李路和肖土盛（2018）的研究指出，国企高管为了追求个人职位晋升，会在并购过程中选择更多地承担政策性负担，这不利于企业的并购绩效。根据杨茗等（2015）、杨茗和周军（2016）的研究，高管权力和国有企业的并购绩效负相关，而且这种负相关关系在地方国有企业中更为显著。这意味着高管的权力和控制能力对国企的并购决策和绩效产生负面影响。

2.3　国有企业并购经济后果的相关研究

现有研究在深入研究并购的经济后果方面取得了丰富的成果，为我们更深刻地理解国有企业的并购后果提供了指引。宋献中和周昌仕（2007）证实了政府干预下的并购不利于提升主并购方的竞争优势。基于并购对创新影响的视角，一些研究发现并购抑制了企业创新（Ornaghi，2009；Stiebale and Reize，2011；Szücs，2014），Szücs（2014）研究发现，并购后，主并购方的销售额发生大幅度增长，但这种增长反倒抑制了主并购方的研发投入。同时，被并购方也减少了研发投入。Federico 等（2017）也发现，并购后，并购双方都会减少对创新的努力，从而不利于企业的创新。Haucap 等（2019）对欧洲医药公司的样本进行研究，结果发现，如果并购前企业面临的市场竞争较为激烈，并购可能会导致企业的专利申请和研发投入发生大幅度下降。但也有研究发现并购会对企业创新产生积极影响（Guadalupe et al.，2012），通过对法国企业数据的研究，Bertrand（2009）发现，并购对企业的专利申请数量有正向促进作用，而且并购后企业的研究投入也显著增加。基于并购对生产率影响的视角，并购与生产率之间关系的研究也尚未得到一致的结论。Schoar（2002）研究表明，企业并购对被并购方的生产率有正向促进作用，但对主并购方的生产率却没有正向促进作用，甚至会导致主并购方的生产率下降。卫婧婧（2017）运用 PSM-DID 方法探究了国有企业并购会对企业全要素生产率造成怎样的影响，结果发现，国有企业的并购能够实现全要素生产率的提升。而 Bernad 等（2010）研究了银行间的并购对银行类企业的生产率的影响，结果发现并非所有的并购都能提升企业的长期生产率，只有约 50% 的银行并购能提升企业的长期生产率。陈少晖和陈平花（2020）以发生了并购重组的国有企业作为样本，探究国有企业并购对全要素生产率的影响，结果发现，国有企业并购并没能提升企业的全要素生产率。总体来说，大部分学者认为并购，尤其是能够发挥协同效应的并购，能够显著提升企业的资源配置效率（Maksimovic and Phillips，2001；Devos et al.，2009；Maksimovic et al.，2013；刘莉亚等，2018；蒋冠宏，2021；蒋冠宏，2022）。基于并购化解产能过剩的视角，巫岑和饶品贵（2022）认为并购是化解过剩产能、推动布局优化的重要手段。但上述分析成立的前提在于资源互补、规模经济与范围经济等并购协同效应的实现。然而，并购能否发挥资源互补、规模效应和协同效应，实际上受多方面因素的影响，包括并购的动机和并购后的整合质量等因素。这些因素在很大程度上决定了并购的结果，比如管理层自利动机和政府干预等都会导致并购的动机偏离获取并购协同效应、提升企业价值的初衷（姚益龙等，2014；Shi et al.，2017），而并购后的深度整合能够为实现并购的协同效应创造条件（Bauer and Matzler，2014；王艳、阚铄，2014；Graebner et al.，2017；谢洪明等，2019）。

2.4 文献述评

目前，关于国有资本授权经营改革的研究主要集中在理论层面，对于两类公司改革的功能定位、运营机制和试点意义进行了广泛的讨论，不同研究提出了多种观点。然而，尽管这些文献提供了深刻的观点，但因大部分研究是基于理论分析，缺乏大规模实证研究的支持，因此需要更多的实际数据和案例研究来验证这些理论观点。对两类公司试点政策效果的实证检验正逐渐兴起，现有文献主要从企业价值、非效率投资、高管薪酬业绩敏感性、企业绩效和企业创新等视角出发进行政策效果分析，国有资本授权经营能够强化对国有企业的监督治理水平，减少政府对国有企业的干预，增强国有企业的自主经营权，实现所有者到位。

近些年来，并购绩效测度及其影响因素一直是广泛研究的领域。目前学术界关于企业并购绩效水平的测度主要有两种方法：一种是基于财务数据的财务指标法，如学者采用并购交易前后的财务指标变化情况来衡量并购绩效水平；另一种是基于事件研究法，从资本市场股票波动角度来衡量企业并购绩效水平，根据时间窗口的长短还可以进一步区分为短期并购绩效和长期并购绩效。关于并购绩效影响因素的研究也取得了较为丰硕的成果，在已有文献中，有的是基于并购行为过程角度，从并购前的目标选择和并购后的整合能力两个方面来考察对并购绩效的影响，有的是单独从企业特征角度和交易特征角度来考察对并购绩效的影响。值得关注的是，并购过程是一个包含多阶段的复杂过程，包括交易前的并购目标选择，以及交易完成后可能需要持续一段时间的并购整合。并购绩效的高低受到各环节的影响。虽然已有文献关于国有企业并购影响因素的讨论各有侧重点，但总体而言可以划分为政府干预和管理层机会主义行为两个方面。因此，虽然尚未有文献直接研究国有资本授权经营对国有企业并购绩效的影响，但现有研究在某种程度上反映了两者之间的关系。国有资本授权经营有助于实现政企分开、政资分开和减少政府对国有企业的行政干预，预期会对国有企业的政府干预问题产生有效的治理作用，同时两类公司的设立能够通过塑造人格化股东，实现所有者到位等多种举措，完善国有企业的法人治理结构，强化对国有企业的监督治理，从而能够对国有企业并购产生影响。基于此，本书将并购目标选择和并购整合能力纳入国有资本授权经营与并购绩效的研究框架，考察国有资本授权经营如何通过缓解政府干预和约束高管的机会主义行为，推动企业合理选择并购目标和提升并购后的整合能力，最终实现并购绩效水平的提高。

就企业并购的经济后果方面，现有的研究尚未得到一致结论，从总体来看，并购是否起良性作用取决于并购整体的质量，包括并购动机、对并购流程的运作、并购后整合的效果等，只有高质量的并购才能实现良性的经济后果。基于此，本书进一步考察国有资本投资、运营公司能否很好地发挥平台作用，引导国有资本服务国家战略目标，国有资本授权经营带来的增量并购绩效在做大国有企业的同时，能否进一步做强做优国有企业，对于这一问题的探讨有助于更全面地了解国有资本授权经营改革，从而推动国有企业做大做强做优、提升核心竞争力等政策目标的实现。

3

制度背景与理论基础

3.1 制度背景

3.1.1 国有企业并购重组政策背景

党的十八大以来，以习近平同志为核心的党中央，对国资国企工作给予了高度重视，习近平总书记站在党和国家工作大局的高度，就国有企业改革和发展发表一系列重要讲话、作出一系列重要指示和重大部署。2016年7月4日，全国国有企业改革座谈会隆重召开，习近平总书记在此关键时刻就国有企业改革作出了重要指示，坚定清晰地指出了国有企业发展的战略地位和根本目标，为国有企业改革发展指明了前进的方向。"国有企业是壮大国家综合实力、保障人民共同利益的重要力量，必须理直气壮做强做优做大，不断增强活力、影响力、抗风险能力，实现国有资产保值增值"。"要坚定不移深化国有企业改革"，"要按照创新、协调、绿色、开放、共享的发展理念的要求，推进结构调整、创新发展、布局优化，使国有企业在供给侧结构性改革中发挥带动作用"。2016年10月10日，习近平总书记在全国国有企业党的建设工作会议上发表了具有划时代里程碑意义的重要讲话。习近平总书记的讲话，站在时代和全局高度，深刻探讨了国有企业建设的一系列重大理论和实践问题，涉及国有企业的存在意义、党的建设强化的必要性以及加强党的建设的途径等。这次讲话深刻阐明了国有企业为什么要做强做优做大，以及如何实现国有企业做强做优做大这个重大时代命题，为新时代国资国企工作指明了前进方向、提供了根本遵循。习近平总书记指出，国有企业是中国特色社会主义的重要物质基础和政治基础，关系公有制主体地位的巩固，关系我们党执政地位和执政能力，关系我国社会主义制度。习近平总书记关于国有企业是中国特色社会主义的重要物质基础和政治基础的重要论述，深刻揭示了国有企业在党和国家事业发展全局中的战略地位。这一重要论述为新时代坚定不移推动国有企业做强做优做大提供了总依据，具有极其重要的理论、战略和实践意义。

党的二十大赋予国资国企新使命新任务，持续深化国资国企改革，加快国有经济布局优化和结构调整，推动国有资本和国有企业做强做优做大，大力提升企业核心竞争力，展现国资国企新担当。国有企业开展并购重组是落实党中央、国务院关于国有经济布局结构调整部署、推动国有资本向关系国家安全和国民经济命脉的重要行业和关键领域集中的有效手段，是做强做优做大国有企业、提升核心竞争力的必然要求，也是近年来国资国企改革的重头戏。党的十八大以来，国有企业牢记"国之大者"，提高政治站位、勇于担当作为，按照《国企改革三年行动方案（2020—2022年）》《关于新时代推进国有经济布局优化和结构调整的意见》，以及2023年6月中办国办联合印发的《国有企业改革深化提升行动方案（2023—2025年）》等的部署安排，围绕国家需要，围绕主责主业、重点关键领域，积极稳妥推进并购工作，以助力提高核心竞争力、增强核心功能，充分发挥中国特色社会主义经济的顶梁柱和压舱石作用。党的十八大以来，国有企业把握新定位、扛起新使命，并购重组节奏加快。中央企业以资本市场深化改革为契机，主动运用并购手段促进布局优化，取得积极成效，先后完成27组49家战略性重组和专业化整合，国务院国资委新组建、接收13家企业，国有经济竞争力、创新力、控制力、影响力和抗风险能力明显增强[1]。地方国有企业也牢牢把握并购重组这一重

---

[1] 佚名.国资委谈央企重组整合：专业化整合和产业化整合不能截然分开，两手都要抓［EB/OL］.［2023-02-23］.https://www.163.com/dy/article/HU8PR1GN0514R9P4.html.

要抓手，积极推动并购重组①。

3.1.2 国有资本授权经营政策背景

新中国成立以来，我国经济体制经历了从计划经济到市场经济的重大变革，伴随着经济体制变革的进程，国资监管体制也随着不同经济体制阶段性特征和内在需求的演变而不断调整。国资监管体制经历了计划经济时期的高度集中阶段、改革开放后的国资监管初步探索阶段、国有资产监管体制初步形成阶段、国有资产监管体制深化改革和以管资本为主的国资监管体制构建与发展阶段，整个过程体现了国资监管体制从管企业向管资产再向管资本转变的思路。

（1）管企业为主的国资监管阶段（1949—2002年）

第一个阶段是计划经济时期的高度集中阶段（1949—1977年）。这一时期包括两个阶段：一是新中国成立初期的计划经济初步建设及国有资产积累阶段（1949—1956年）。在这一阶段，政府既享有对国有资产的所有权，同时又掌控着国营企业的经营权，且国营企业所得利润需要上缴国家，国有资产的所有权、经营权和收益权高度合一，资源配置方式按照指令性计划。随着经济的发展，高度集中的国有资产监管模式导致的国营企业自主性不足、效率低下等问题逐渐显露出来，为了解决这些问题，国有资产的监管体制也随之进行了相应的变动。二是计划经济体制下的国有资产管理探索阶段（1957—1977年）。在这一阶段，按照"放权—集权—再放权"的思路，探索了如何划分中央和地方政府的权限。首先，1958年实行放权，意识到中央政府高度集权的弊端后，中央政府开始下放部分权力给地方政府，形成了中央政府和地方政府共同管理的"条块管理"模式。但是由于

---

① 刘丽靓.多地国企改革迎来新部署，重组整合成为关键词［EB/OL］.［2023-10-18］.https：//www.cs.com.cn/xwzx/hg/202310/t20231018_6371145.html.

管控机制不完备，造成了一些不良影响。其次，为了纠正权力过度下放所导致的经济发展乏力问题，1961年开始执行集权，中央政府重新将之前下放给地方政府的权力收回，实行高度集中的国资监管体制。最后，1966年再度放权，将权力下放给地方政府。虽然计划经济时期国有资产监管体制经历了"集权—放权—再集权—再放权"的反复调整，但始终没有建立专门的国有资产监管机构，都是由政府直接管理国营企业，国营企业依照政府的计划指令进行生产活动。随着经济的发展，国资监管体制导致的政企不分、企业缺乏积极性、中央政府和地方政府条块式分割管理等问题日益突出，对国有经济的发展造成了不利影响。

第二个阶段是改革开放后的国资监管初步探索阶段（1978—1987年）。党的十一届三中全会以来，我国开始实行改革开放政策，国有资产监管体制也随之进行了改革。这一阶段国有资产监管体制改革的基本思路是通过放权让利和两权分离来扩大国营企业的经营自主权，激发国营企业活力（黄速建，2008）。放权让利阶段通过实行经济责任制、利改税和拨改贷等政策来扩大企业经营自主权，但这一阶段尚未改变计划经济的本质，因此国资监管体制仍是中央高度集权，由政府直接管理国营企业。继放权让利后，为了解决国资监管所有权和经营权合一的问题，又通过推行经营承包责任制来实现两权分离。

第三个阶段是国有资产监管体制初步形成阶段（1988—2002年）。这个阶段主要实现了以下两个方面的成就：一是初步建立国有资产专属管理机构。1988年，为了改革中央高度集权的国资监管体制，将政府的国有资产产权管理职能和社会经济管理职能相分离，国务院批准设立了国有资产管理局，国资监管体制由"政府—国有企业"两层架构转变为"政府—国有资产管理机构—国有企业"三层架构。虽然国有资产管理局的设立被看作是产权层面上对政资分开的有益探索，但是国有资产管理局仅代表国家行使部分出资人职能，国有资产出资人权力分散在国家经济贸易委员会、国家计划委员会等众多部委，不利于国有资产管理局的作用发挥。于是在1998年国务院撤并了国有资产管理局。总体而言，国有资产管理局的设立虽未能如预期产生很好的效果，但也为国有资产监管体系的建立提供了丰富的实践经验。二是探索国有资产授权经营。1991年12月，我国确立了第一批国有企业授权经营试点单位名单。党的十五届四中全会第一次以中央文件的形式提出建立"授权经营"的国有资产监管机制，授权经营即将国有资产经营权授权给企业集团、大型企业，国资监管体制除了"政府—国有资产管理机构—国有企业"三层架构以外，开始出现"政府—国有资产管理机构—企业集团—国有企业"的四层架构（朱炜等，2022）。此阶段的授权经营在一定程度上实现了经营权的下放，但此阶段的国有资产授权经营尚未考虑国有资产出资人缺位的问题。

（2）管资产为主的国资监管阶段（2003—2012年）

在管企业为主的国资监管阶段，国资监管体制改革取得了一定的成就，在一定程度上实现了经营权的下放，但此阶段的国有资产授权经营尚未考虑谁是国有企业的所有者，国有资产出资人缺位问题仍然存在，尤其是"九龙治水"的弊端日益凸显，监管效率低下，进而引发了一系列问题。为了解决国资监管效率低下的问题，党的十六大明确提出了要建立"中央政府和地方政府分别代表国家履行出资人职责……管资产和管人、管事相结合的国有资产管理体制"。同时，党的十六大还明确了国有企业的出资人职责，并对不同类型的国有企业进行了划分。对于"关系国民经济命脉和国家安全的大型国有企业、基础设施和重要自然资源等"由中央政府承担出资人职责，其他的则由地方政府承担出资人职责，国资监管体制改革实现重大突破。

这一阶段是以2003年国资委成立为标志的国资监管阶段，政府将出资者权利授权给国资委，政府和企业的关系开始向以产权关系为纽带转变，国资委按照规定不直接干预企业的投资决策和生产经营活动，形成管资产与管人、管事相结合的国有资产监管体制，初步解决了长期困扰国有资产监管的"九龙治水"问题。2003年5月，国务院颁布《企业国有资产监督管理暂行条例》，2006年颁发《地方国有资产监管工作指导监督暂行办法》，从顶层设计对国有资产监管的实施进行指导。截至2006年底，从中央到地方的国有资产监督机构全部组建完毕，管资产和管人、管事相结合的国有资产管理体制基本确立。国资委作为国务院设立的机构，负责代表政府行使资产所有者的职责，保护和增值国有资产。国资委的设立明确了国有资产所有者的职责，并使国有资产监管的权责更为明确，避免了过去监管分散、责任不清晰的问题。同时，国资委的设立在一定程度上推动了政府公共管理职能和国有资产出资人职能的分离，加强了国有企业的独立经营能力，使其更加市场化。然而，在管资产与管人、管事相结合的国有资产监管体制下，国资委同时作为国有企业的监管者和出资者，既是裁判员又是运动员，既是股东又能在很大程度上拥有行政管理权限，政企不分、政资不分问题仍未得到根本解决（张宁、才国伟，2021），此外，在国有资产监管中越位、缺位等问题一直存在，不利于国有企业的效率提升。

2003年，党的十六届三中全会明确提出要"建立国有资本经营预算制度"，即国有企业不再缴税留利，国家凭借所有者身份依法获得国有资本收益，将该收益纳入国家预算收入，并对该收益进行统一分配。自2003年实行管资产与管人、管事相结合的新的国资管理体制以来，北京市、吉林省等地陆续推出了国有资本经营预算制度的试点。《国务院关于试行国有资本经营预算的意见》《财政部关于印发〈中央国有资本经营预算编报试行办法〉的通知》等文件陆续出台，国有资本经营预算制度初步建立，开始将国有企业的经营收益纳入国家预算收入，并对该收益进行统一分配。2007年财政部、国务院国资委印发的《中央企业国有资本收益收取管理暂行办法》将中央企业划分为三种类型：资源类、竞争类和公益类，并针对不同企业确定三个档次的上缴比例。之后，国务院的有关文件也多次强调要推进这项工作，国有资本经营预算制度也随之进一步完善。

（3）管资本为主的国资监管阶段（2013年至今）

2013年，党的十八届三中全会通过的《中共中央关于全面深化改革若干重大问题的决定》明确提出"改革国有资本授权经营体制，组建若干国有资本运营公司，支持有条件的国有企业改组为国有资本投资公司"，正式拉开了新时期以管资本为主的国资监管体制改革的序幕。此后，国家又相继出台《中共中央 国务院关于深化国有企业改革的指导意见》（中发〔2015〕22号）、《国务院关于推进国有资本投资、运营公司改革试点的实施意见》（国发〔2018〕23号）、《国务院关于印发改革国有资本授权经营体制方案的通知》（国发〔2019〕9号）等相关政策文件，国有资本授权经营体制改革逐步升温，有关国有资本授权经营的实施方案，包括两类公司功能定位、授权机制、授权内容、治理结构等也愈发清晰。国有资本授权经营的顶层设计是一个逐步明晰、逐步深化的过程，通过稳步推进、持续迭代的方法进行改革。这一改革思路不仅体现在国家对国资国企改革进行系统部署的相关要求中，也清晰体现在专门性的推进国有资本授权经营改革的文件中。本书对国有资本授权经营相关政策文件信息和包含的主要内容进行了梳理与总结，具体见表3-1。

表 3-1 国有资本授权经营相关政策梳理

时间	政策名称	主要内容
2013年11月	中共中央关于全面深化改革若干重大问题的决定	以管资本为主加强国有资产监管,改革国有资本授权经营体制,改组、组建若干国有资本投资、运营公司
2015年8月	中共中央、国务院关于深化国有企业改革的指导意见	科学界定出资人监管的边界,不缺位(重点规范资本运作、提高资本回报)、不越位(自主经营决策权归位于企业、公共管理职能归位于政府相关部门); 科学界定所有权和经营权的边界,国有资本投资、运营公司对所出资企业行使股东职责;以市场为导向、以企业为主体,发挥国有企业的骨干作用,推动国有资本合理流动、优化配置; 以管资本为主推进经营性国有资产集中统一监管
2015年10月	国务院关于改革和完善国有资产管理体制的若干意见	推进国有资产监管机构职能转变,国有资产监管机构专司国有资产监管,不干预企业自主经营,更多运用市场化的监管方式; 改革国有资本授权经营体制,界定国有资产监管机构、国有资本投资、运营公司以及所出资企业之间的关系; 提高国有资本配置和运营效率,优化重组; 协同推进相关配套改革,推进政府职能转变,区分国有资产出资人管理职能与政府公共管理职能
2016年7月	国务院办公厅关于推动中央企业结构调整与重组的指导意见	通过改组组建国有资本投资、运营公司,开展投资融资、资本整合等,搭建调整重组平台

时间	政策名称	主要内容
2017年4月	国务院国资委以管资本为主推进职能转变方案的通知	政企分开、政资分开、所有权与经营权分离，国资委专司国有资产监管，不行使公共管理职能，不干预企业自主经营； 精简国资监管事项，取消26项事项，下放9项事项、授权8项事项（如经理层成员选聘、经理层成员业绩考核、经理层薪酬管理、职工工资总额审批等）
2018年3月	国务院国资委出资人监管权力和责任清单（试行）	明确了9大类36项权责事项
2018年7月	国务院关于推进国有资本投资、运营公司改革试点的实施意见	明确了国有资本投资、运营公司改革试点的方向，包括功能定位、组建方式、授权机制、治理结构、运行模式等方面的内容。 ①国有资本投资公司主要以服务国家战略、优化国有资本布局、提升产业竞争力为目标，……发挥投资引导和结构调整作用，推动产业集聚、化解过剩产能和转型升级，培育核心竞争力和创新能力…… ②国有资本运营公司主要以提升国有资本运营效率、提高国有资本回报为目标，……实现国有资本合理流动和保值增值
2019年4月	国务院关于印发改革国有资本授权经营体制方案的通知	提出了国有资本授权经营的体制方案，明确了"优化出资人代表机构履职方式""分类开展授权放权""加强企业行权能力建设""完善监督监管体系"等改革国有资本授权经营体制的主要举措； 对企业战略规划和主业管理、选人用人和股权激励、工资总额和重大事项管理等方面开展授权放权； 通过加强董事会建设、推行经理层市场化选聘和契约化管理、优化集团管控能力、积极发展混合所有制等举措完善公司治理能力、夯实基础管理能力、提升资本运作能力，加强企业行权能力建设

时间	政策名称	主要内容
2019年6月	国务院国资委授权放权清单（2019年版）	以清单的形式明确对国有资本投资、运营公司试点企业的授权放权事项（6项）
2019年11月	国务院国资委关于以管资本为主加快国有资产监管职能转变的实施意见	强调基于出资关系进行监管，监管重点要注重国有资本整体功能，运用市场化手段监管，更加注重质量效益的提升；明确管资本的主要内容，加强布局整体条件、提高运营效率、促进国有资本保值增值等；优化管资本的方式手段，清单管理、分类授权等
2020年5月	中共中央 国务院关于新时代加快完善社会主义市场经济体制的意见	有效发挥国有资本投资、运营公司功能作用，推进国有经济布局优化调整，坚持一企一策，成熟一个推动一个，运行一个成功一个
2020年6月	中央深改委审议通过《国企改革三年行动方案（2020—2022年）》	深化国有资产监管体制改革
2021年3月	中华人民共和国国民经济和社会发展第十四个五年规划和2035年远景目标纲要	充分发挥市场在资源配置中的决定性作用。健全管资本为主的国有资产监管体制
2023年6月	国有企业改革深化提升行动方案（2023—2025年）	优化国有经济布局，加快建设现代产业体系；以市场化方式推进整合重组，提升国有资本配置效率；健全以管资本为主的国资监管体制

资料来源：作者根据相关资料整理。

在实践中，国有资本授权经营体制改革也在逐步推进。在中央层面，2014年7月国务院国资委选择国家开发投资集团有限公司和中粮集团作为首批国有资本投资公司改革试点单位，随后又分两批先后选定多家公司作为国有资本投资公司和国有资本运营公司，形成了"19+2"的国有资本投资公司和国有资本运营公司试点改革格局。2022年6月，国务院国资委印发《关于国有资本投资公司改革有关事项的通知》（国资改革〔2022〕245号），中国宝武钢铁集团、国家开发投资集团有限公司、招商局集团、华润集团和中国建材集团等5家企业因"功能定位准确、资本运作能力突出、布局结构调整成效显著"，正式转正为国有资本投资公司。2022年12月，国务院国资委印发《关于进一步深化国有资本运营公司改革有关事项的通知》，明确提出"中国诚通、中国国新作为运营公司"，由试点转入持续深化改革阶段。在地方层面，国有资本投资、运营公司改革试点也加速发力，省级层面国有资本投资、运营公司试点截至2021年底也已经达到150余家[1]。国有资本投资、运营公司在"试体制、试机制、试模式"等方面进行了多方面的探索与实践，成效凸显。截至2023年6月，国家开发投资集团有限公司共有高新技术企业51家，较2020年初增加27家，新增企业中约70%为通过投资并购实现。中国宝武钢铁集团、招商局集团和中国建材集团强化资本运营，形成多个上市公司产业集群，助力提高国有企业核心竞争力、增强核心功能。中国宝武钢铁集团、华润集团加速重组整合，关键产业竞争力稳步提升[2]。为具体了解国有资本授权经营改革试点的情况，本书分别以国家开发投资集团有限公司和中国诚通控股集团有限公司作为国有资本投资公

---

① 翁榕涛，洪晓文.国企改革三年行动步入收官年，"两类公司"改革成国企改革重要主线［EB/OL］．［2022-03-16］. https://finance. sina. com. cn/roll/2022-03-16/doc-imcwipih8752437.shtml.

② 王子霖.五家央企资本运作多点开花，"转正"国有资本投资公司一年［EB/OL］.［2023-06-20］.https://paper.cnstock.com/html/2023/06/20/content_1784827.htm.

司和国有资本运营公司的典型案例进行说明。

国家开发投资集团有限公司（简称国投集团），2014年7月首批被选为国有资本投资公司改革试点单位，2022年6月正式转为国有资本投资公司。自试点以来，国投集团一直努力探索国有资本投资公司的功能定位、体制机制和运营模式：一是按照"小总部、大产业"的改革思路，探索国有资本投资公司的管控体系，将总部的部分经营职能下放给子公司，对存在交叉的职能进行整合，推动服务共享，提升总部核心职能。改革后，总部职能部门明显减少，集团总部对所出资企业通过公司治理机制行使股东权利。二是按照"一企一策、试点先行"的原则，将子公司划分为充分授权、部分授权和优化管理三类，下放权力，推动子公司成为独立的市场主体，同时推动子公司董事会成为真正的决策和责任主体，推动职业经理人选聘，确保授权接得住。三是推动各部门发挥各自优势，协同监督，实现监督全覆盖。四是发挥国有资本投资平台作用，借助并购重组，调整公司业务结构，布局新兴产业，形成基础产业、战略性新兴产业和金融及服务业三大战略业务单元。

中国诚通控股集团有限公司（简称中国诚通），2016年被选为国有资本运营公司试点单位，2022年12月由试点转入持续深化改革阶段。自试点以来，中国诚通基于管资本为主的思路，积极试体制、试机制、试模式（如图3-1所示），形成了"强总部、大运营"的组织架构。在试体制方面，中国诚通参照国资委对国有资本运营公司授权放权的逻辑，进一步将权力归还给其出资企业，坚持一企一策的原则，对董事会比较完善的企业加强授权力度，同时加强对所出资企业的审计监督力度。在试机制方面，中国诚通在集团总部层面推动组织机构优化、市场化选聘和三项制度改革，国资委考虑到国有资本运营公司缺少金融、证券类专业背景的外部董事的现实需要，调整了中国诚通的董事会人员组成，提升了董事会的战略领导能力。与此同时，中国诚通还通过用手投票和用脚投票方式加强对出资企业的履职，且更为关注资本收益和回报。在试模式方面，中国诚通发挥国有资本运营公司的平台作用，打造基金、资产、股权、金融和战略性新兴产业组成的"4+1"平台，牵头设立国调基金和混改基金，以资本流动、产业引领服务于国有资本布局优化调整，提升以市场化手段践行国家战略的能力。

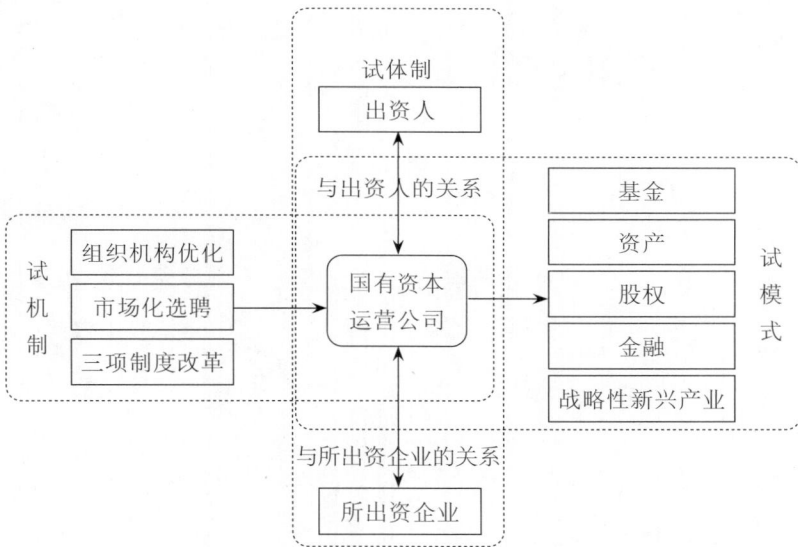

图 3-1　中国诚通试体制、试机制、试模式示意图

根据表 3-1 的政策梳理以及改革实践可知，国有资本授权经营改革理顺了国资监管机构、国有资本投资、运营公司与所出资企业之间的关系，国资委专司国有资产监管，将出资者职能授权给国有资本投资、运营公司，国有资本投资、运营公司对所出资企业行使股东职责，确保出资人不缺位、不越位。同时国有资本授权经营改革以授权放权作为核心举措，对企业战略规划和主业管理、选人用人和股权激励、工资总额和重大事项管理等方面进行授权放权，赋予国有企业更

多的经营自主权，主导国有资本布局和激发微观主体活力。为了加强国有企业的行权能力建设，试点企业通过加强董事会建设、推行经理层市场化选聘和契约化管理、优化集团管控能力、积极发展混合所有制等举措完善公司治理能力、夯实基础管理能力、提升资本运作能力。而以市场化方式推进国有企业整合重组是国有资本投资、运营公司的根本职责使命之一。2023年2月，习近平总书记在《当前经济工作的几个重大问题》一文中，也指出"健全以管资本为主的国资管理体制，发挥国有资本投资运营公司作用，以市场化方式推进国企整合重组，打造一批创新型国有企业"。

3.2　理论基础

本节首先从出资者财务理论、产权理论、有效管理幅度理论、比较优势理论和股东积极主义理论出发论述了国有资本授权经营体制的理论逻辑，然后从并购协同理论角度论述了与企业并购绩效相关的理论。首先，出资者财务理论和产权理论是研究国有资本授权经营这一政策最为基础的理论，国有资本授权经营体制改革是这两个理论的一次实际应用，明确分离了出资者与经营者的权利和职责，这两个理论贯穿本书研究始终。其次，有效管理幅度理论、比较优势理论和股东积极主义理论为我们回答国有资本授权经营在实践中如何发挥作用提供了必要的理论基础。最后，并购协同理论为本书的研究主线——国有资本授权经营与国有企业并购绩效之间的关系提供了理论基础和解释工具。

3.2.1　出资者财务理论

在20世纪90年代，谢志华（1997）首次提出了出资者财务及其管理的概念。随后，他对出资者财务及其管理的含义进行了详细阐述。出资者财务是一个涉及与出资者相关的财务管理和活动的概念，其核心目标是确保所投入的资本安全并获得增值，同时追求最大化的投资收益。这个概念涉及两个主要方面：一方面是出资者对其投入资本和相关的投资活动进行管理，以确保选择、评估和管理其投资项目的合理性；另一方面是对经营者的筹资、投资和分配等财务管理行为进行适当的约束，以确保其行为与出资者的利益和目标保持一致。从主体的角度来看，出资者财务理论可以进一步细分为两个层次：一是终极出资者与代表其进行日常投资和管理的中间出资者之间的财务关系；二是中间出资者与实际负责资产运营的资产经营者之间的财务关系。在这种框架下，特别是在涉及两权分离的公司制企业中，出资者作为所有权的持有者与经营者之间的财务关系变得尤为关键。出资者财务与传统企业财务有显著的差异。首先，就对象而言，传统企业财务更注重企业内部的财务管理，包括资金的筹集、使用和分配，而出资者财务主要关注出资者如何管理其投资，以及如何对经营者的财务活动进行约束。其次，就目的而言，传统企业财务旨在确保企业财务的稳健性和持续盈利，而出资者财务的核心目标是实现资本报酬的最大化，即确保出资者的资本安全并获得最佳回报。

出资者财务理论强调，为了确保企业的良好运营，必须明晰地界定出资者和经营者之间的权利边界。这意味着，出资者应主要关注其资本的投资和回报，而不是日常的企业经营决策。经营者应当承担受托经营的责任，确保企业的正常运营并为出资者创造价值。为了实现这一目标，经营者需要拥有充分的自主经营权，这样他们可以根据市场的真实需求作出决策。出资者不应随意干预企业的日常经营，以确保企业管理层能够自主决策，充分发挥企业的经营活力。这种权利边界的明确界定有助于企业在追求效益的同时，也确保了长期的稳定和健康发展。在计划经济体制下，政府作为国有企业的出资者，承担了多重角色。这不仅涉及资本的投入，还包括对企业的日常运营和社会功能的管理和干预。由于政府对企业进行了过度的干预，企业被迫承担了许多超出其核心业务范围的社会职能，如社会福利、职工安置等。这些额外的负担导致企业的运营效率受到影响，无法充分专注于其主要的生产和经营活动，从而损害了出资者的资本保值增值目标。在政府进行放权、公司制改革等措施后，国有企业获得了更大的经营自主权，能够根据市场需求进行自主决策。然而，这也带来了一个挑战：在没有明确出资者和经营者权利边界的情况下，企业内部的管理者和员工开始更多地掌控企业资源和决策，导致了"内部人控制"的现象。从出资者财务的角度来看，这意味着出资者的权益可能受到侵犯，因为内部人员可能会根据自己的利益，而不是出资者的长远利益来进行决策。这种内部控制可能导致资本被错误地分配或使用，从而影响出资者的资本保值和增值。总体而言，从出资者财务的视角看，无论是计划经济时代的过度干预还是放权后的"内部人控制"，都反映了出资者和经营者权利边界不清的问题，这对出资者的权益和企业的长期健康发展都构成了威胁。

在 2003 年国资委成立后，尽管许多属于出资者性质的职能被统一委托给国资委行使，但国资委按照"管资产与管人、管事相结合"的原则来管理国有企业，导致对企业的生产和经营进行了过多的行政干预。基于这些背景，国有资本授权经营体制改革应运而生，旨在明确国有资产监管者、出资者与负责具体生产经营的国有企业三者之间的关系，以提高管理效率和促进国有资本的保值增值。从出资者财务的角度分析，国有资本授权经营体制改革不仅是必要的，而且具有深远的意义。首先，这一制度的核心在于明确出资者和经营者之间的权利和责任。在传统的模式下，两者的界限可能模糊，导致决策效率低下和资源配置不合理。但随着改革的推进，国有企业能够实现更加灵活和高效的运作，因为每个参与方都清楚自己的角色和责任。其次，这种明确的权责分离使得国有资产出资者更能够集中精力于其核心职责上。在此之前，出资者可能需要深入参与企业的日常运营，这既分散了其注意力，也不利于资本的长期增值。但现在，他们可以更专注于资本的保值和增值，监督企业的运营，确保资本得到合理的使用并获得良好的回报。此外，当企业能够更加关注市场需求，提高自身的运营效率和竞争力时，这不仅有助于企业的持续和稳定发展，还确保了国有资本在复杂多变的市场环境中保持其竞争力。这种市场导向的策略有助于企业更好地适应市场变化，满足消费者需求，并实现盈利。最后，通过制度的改革和完善，出资者的权益得到了更强的保障。在明确的权利和责任框架下，出资者可以确保其资本不被误用或滥用，同时可以期待从企业的盈利中获得合理的回报。这种制度也鼓励企业管理层和员工对企业的长期成功和稳定承担更大的责任。

国有资本授权经营体制的改革是为了更好地界定权利和责任、优化资源配置、提高企业的市场反应速度和效率，以及确保国有资本长期保值增值。这一改革为我国的经济发展和稳定奠定了坚实的基础。国有资本授权经营体制改革是出资者财务理论的一次实际应用，它明确分离了出资者与经营者的权利和职责。这种分离使政府作为出资者能专注于资本的保值增值，而企业经营者更聚焦于高效的日常运营，从而实现资源的优化配置。同时，改革进一步界定了国家与企业的财务关系，确保国家资本的保值和增值，强化政府的财务管理效能。总体而言，这一制度改革旨在提高资源配置效率，保障国家利益，并增强政府的财务管理效能。

3.2.2 产权理论

产权理论作为经济学领域的一个重要分支，旨在探讨资源和资产的所有权、控制权和使用权。其根本思想可以追溯到经济学巨匠亚当·斯密和卡尔·马克思的经典著作。然而，现代产权理论的发展可以追溯到20世纪60年代以来的研究，特别是诺贝尔经济学奖获得者罗纳德·科斯（Ronald Coase）发表的《企业、市场和权责边界》一文。科斯的研究强调了在市场和企业之间进行资源分配的决策涉及产权关系的重要性。这篇文章为后来的产权理论奠定了坚实的基础，引起了众多学者的兴趣，推动了产权理论的进一步发展。产权理论的概念包括权利的明确性、可转让性、可监督性和可执行性。这些概念强调了良好定义的产权可以促进资源的有效配置和经济发展。产权理论强调了私有产权和公共产权之间的区别，以及不同产权形式对资源分配、激励机制和市场功能的影响。

产权理论的实质在于研究资源和资产的产权关系，强调明晰权益、权责一致性、资源配置效率等关键概念。这一理论的核心观点包括资源和资产的产权是权益的集合，包括使用权、支配权和收益权，这些权益决定了个体或组织对资源的控制和权力。权益必须明晰和清晰定义，以确保各方了解谁对资源负有何种责任和权利，从而减少争端和促进资源的有效使用。权益明晰和权责一致性是关键原则，确保资源的所有者与资源的使用者和决策者保持一致，以避免资源的滥用和低效率。此外，产权理论认为，权益明晰和权责一致性有助于优化资源配置，使资源流向最高效的用途，提高整体经济绩效。产权理论还研究了外部性和公共物品的问题，这些问题可能需要政府干预来确保社会利益最大化。最后，它考虑了资源和资产产权的买卖、交易和转让，以促进资源的灵活配置，更好地满足市场需求。综合来看，产权理论通过明晰权益关系和权责一致性，以及促进资源的有效配置和经济绩效提升，为理解和解决各种经济现象和问题提供了坚实的理论基础，包括公司治理、国有企业改革、土地产权、知识产权等领域。

需要强调的是，西方现代产权理论多是以私有产权作为核心，因而本质上属于私有产权理论。然而，尽管如此，这些理论在研究我国国有资本与国有企业改革等相关问题时仍然具备一定的借鉴、启发意义。其中最为突出的借鉴点在于对于国有资本的产权明晰性的强调。在国有资本与国有企业改革的背景下，产权明晰性成为一项至关重要的原则。这意味着必须清晰地定义国有资本的权益，包括使用权、支配权和收益权，以确保国有资本所有者、管理者和国有企业之间的权责一致性。通过明晰的产权关系，可以有效地降低不必要的争端和纠纷，为国有企业的持续健康发展创造稳定的法律和制度环境。

在中国，国有资本具有国家所有的性质，它代表着整个国家和全体公民的财富。然而，国家作为一个抽象的概念，无法像个体自然人一样行使产权和所有者权利。在过去的国有资产管理体制中，存在着多层次的委托代理关系，这导致国有资本的产权关系相对模糊。产权理论强调了产权的明晰性和可执行性的重要性。首先，它提供了一种理论框架，可以清晰地确定国家、政府、国有企业等各方的产权边界和权利义务，从而减少了争议和不确定性。其次，产权理论为国有资本的有效管理提供了指导。在国有资本管理中，明确的产权关系有助于建立清晰的激励和监督机制。国家作为所有者，通过产权明晰化可以更好地行使对国有企业的监督和管理权利，从而提高国有企业的经济绩效。这与产权理论中的权责清晰和资源配置的有效性原则相契合。此外，产权理论还提供了理论基础，支持混合所有制改革。混合所有制改革将非国有资本引入国有企业，这一改革措施可以通过引入市场竞争机制，提高企业的经济效率。产权理论认为，不同产权主体的参与可以促进资源配置的效率和企业的竞争性。最重要的是，产权理论强调了产权关系的人格化代表问题。虽然国家是国有资本的所有者，但国家本身无法像个体自然人一样行使权利，这需要国务院代表国家行使所有权，以及国有资产监督管理机构代表国家履行出资人权利。产权理论提供了一个框架，可以更好地理解这种代理关系，从而确保国有资本的权益得到有效维护。

3.2.3　有效管理幅度理论

有效管理幅度理论，也称为有效管理界限理论（Effective Management Span Theory），是一种管理学理论，它探讨了在组织中一个管理者能够有效地管理和领导的下属人数的限制。这一理论关注的是管理者在组织中负责的下属数量与管理效能之间的关系，以确定在不牺牲管理质量的情况下，一个管理者可以有效管理的下属人数。有效管理幅度理论的核心内容包括以下几个要点：

首先，管理者的能力和负担限制在这一理论中被视为关键因素。每位管理者在一定时间内可以有效地关注和监督一定数量的下属。这一数量受到管理者个人的能力、经验和领导技能的影响。同时，管理者还需要考虑其他任务和职责，如决策制定、战略规划等，这也会影响其有效管理的下属数量。其次，下属数量与管理效能密切相关。如果管理者负责的下属过多，可能会导致管理者无法有效地为每个下属提供足够的关注和指导，从而降低工作质量和员工满意度。反之，管理者负责的下属数量较少，可能导致资源浪费和组织成本增加。再次，管理层次和组织结构也对管理者负责下属数量的影响至关重要。在较扁平的组织结构中，管理者通常可以负责更多的下属，因为层级较少，信息传递相对迅速。相反，在较复杂的组织结构中，管理者可能需要负责较少的下属，以确保信息传递和决策的高效性。最后，信息技术的作用也需要考虑。随着信息技术的发展，一些管理任务可以通过自动化和信息系统来处理，从而减轻了管理者的负担，这可能会影响管理者可以有效管理的下属数量。

国务院国资委在管理大量国有企业时，面临着管理幅度的挑战，这与有效管理幅度理论密切相关。在传统的职能融合型管理模式下，国资委既需要管理国有企业的资产，又需要管理人员和事务，这使得其监管任务相当繁重。虽然国资委拥有一定的人员和资源，但与所监管的国有企业数量和差异相比，其管理幅度相对有限。这就意味着国资委需要更加精细地分配其有限的资源和关注力，以提高监管效率和管理质量。有效管理幅度理论强调，管理者在组织中能够有效地管理和领导的下属人数存在一定的限制。这是因为管理者需要投入时间和精力来有效地沟通、监督和指导下属，如果管理幅度过宽，管理者可能无法充分履行其职责，导致管理效率降低。在国资委的情境下，监管范围涵盖了众多国有企业，如果管理幅度过宽，国资委可能难以充分了解每家企业的经营情况和问题，无法及时采取有效的监管措施。此外，不同国有企业之间存在差异，包括产业性质、地域位置、发展阶段等，如果管理幅度过宽，国资委可能无法灵活地根据各企业的实际情况制定个性化的监管政策，导致监管的一刀切现象。因此，为了提高国有企业的监管力度和效率，国资委需要根据有效管理幅度理论的原则，精细划分管理范围，确保管理者可以更好地履行其职责，提高监管的针对性和精准度。这也解释了为什么管理幅度不能太宽，过于宽泛的管理范围可能会削弱监管的力度和效率，而国有企业的多样性和复杂性需要更为精细和个性化的管理方式。

在国有资本授权经营体制改革中，有效管理幅度理论发挥着关键作用。这一改革旨在通过建立国有资本投资、运营公司的三级架构体系，提高国有资产的管理和运营效率。有效管理幅度理论关注管理者在组织中能够有效地管理和领导的下属人数的限制，而这正好解决了传统国资监管模式中存在的问题。在传统模式中可能存在多层次的管理层次，导致信息传递不畅和决策效率低下。然而，在新的改革中，通过优化组织结构，减少了管理层次的复杂性，提高了每位管理者的下属数量上限，符合了有效管理幅度理论中管理者能力和负担的考量。国有资本授权经营体制改革为国有资产监管带来了显著的改善，这主要体现在实际管理幅度与有效管理幅度之间的一致性上。在此新机制下，国资委不再直接承担国有企业的经营管理职责，而是将这部分职责授权给国有资本投资、运营公司。这一举措意味着国资委可以将精力更多地集中在监督和评价国有资本投资、运营公司的履职情况上，而非直接参与企业的日常运营和管理。这种授权经营模式的好处在于，国资委可以更加专注地考核、评价国有资本投资、运营公司的绩效和履职情况。这包括审查其经营计划、资产配置决策、风险管理策略等方面的表现。通过对国有资本投资、运营公司的有效监督和评价，国资委可以确保它们按照国家的战略和政策目标来管理国有资产，从而实现国有资产监管的有效到位。与此同时，国有资本投资、运营公司作为专业机构，通常拥有更多的资源和经验来管理国有资产，能够更加灵活、高效地开展相关工作。这有助于提高国有资产的管理质量和效率。因此，国有资本授权经营机制将国资委的实际管理幅度明确限定在了对国有资本投资、运营公司的监督和评价上，从而更好地满足了有效管理幅度理论的原则。国资委的职能由过去的直接管理转变为监管和评价，实际管理幅度更为精准，更加符合国有资产监管的科学性和有效性要求。这样的改革举措有助于确保国有资产能够更好地为国家的战略和经济发展目标服务。

3.2.4 比较优势理论

比较优势理论是国际贸易理论中的一个关键概念，由英国经济学家大卫·李嘉图（David Ricardo）于1817年提出。该理论旨在解释为什么不同国家之间应该存在国际贸易，以及如何通过国际贸易实现更大的效益。比较优势理论的核心观点是，不同国家在生产不同商品或服务时具有不同的生产效率或劳动生产率。这意味着某些国家在生产特定商品或提供特定服务方面更加高效。李嘉图强调了机会成本的概念，机会成本是指为了生产一种商品而牺牲生产其他商品的机会。比较优势理论认为，国际贸易中的决策应该基于机会成本而不是绝对成本。国家应该专注于生产其拥有比较优势的商品，而不是试图生产一切。与亚当·斯密的绝对优势理论形成对比，比较优势理论认为，即使一个国家在所有商品生产中都不具备绝对优势，仍然可以通过专注于生产相对来说具有较低机会成本的商品来受益于国际贸易。通过国际贸易，国家可以获取其他国家生产的商品，从而降低相对价格，提高国内福利。这一理论对于解释国际贸易的实际情况和为国际贸易政策提供指导具有重要意义。

比较优势理论的提出背景可以追溯到英国工业革命时期，当时工业生产发生了巨大变革，英国成为全球工业中心。国际贸易扩大，促使经济学家开始研究国际贸易的原理和效应。早期的国际贸易理论以亚当·斯密的绝对优势理论为主导，该理论强调国家应专注于生产其在所有商品中具有绝对优势的产品。然而，这一理论无法解释为什么一些国家即使在没有绝对优势的商品中仍从贸易中受益。比较优势理论的应用涉及多个领域。首先，它对国际贸易政策的制定产生深远影响。根据比较优势理论，国家可以基于其相对的生产优势来确定贸易政策，以鼓励生产和出口具有比较优势的商品，从而提高国内福利。其次，这一理论有助于解释全球供应链的形成和运作，各国企业可以根据其比较优势在全球供应链中扮演不同的角色，提高全球生产效率。此外，在国际发展、国际金融等领域，比较优势理论也有广泛应用，有助于指导国际合作和投资决策。因此，比较优势理论在国际经济学中具有重要地位，不仅解释了国际贸易的原理，还在多个领域为政策制定和决策提供理论基础。

根据比较优势理论，任何组织或个人在资源和能力方面都存在多个维度，而不可能在所有维度上都具有绝对优势。这一理论强调，为了提高组织的效能，应该让每个组织或个人专注于其具有比较优势的领域，而不是试图在所有方面都做到最优。这种合理分工和专业化可以提高整体效率。国资委在行政监管方面具有较强的优势，因为其在监管政策、法规、政府政策制定等方面拥有专业能力和资源。然而，在企业经营管理方面，每家国有企业可能面临不同的行业和市场挑战，要求具备特定的商业和行业知识。由于国资委需要监管众多国有企业，每个企业都有其独特的经营需求和挑战，因此很难期望国资委在所有企业中都具有经营管理的比较优势。为了充分发挥比较优势，国资委可以专注于制定国家层面的监管政策和法规，同时委托或授权国有资本投资、运营公司等专业机构来处理企业经营管理的事务。这样的合理分工可以提高国资委的整体效能，让具有比较优势的机构来应对各家企业的不同需求，从而更好地实现国有资产的保值增值和国有企业的可持续发展。这也符合比较优势理论的核心原则，即在合理分工的基础上发挥各自的比较优势，以提高整体效率。

国有资本授权经营体制改革的核心思想与比较优势理论高度契合，这一改革充分体现了比较优势理论的核心理念，即通过让各方做自己相对擅长的事情，最大程度地发挥各自的优势，提高整体效能。首先，国有资本投资、运营公司及国资委在不同领域具备不同的比较优势。国资委作为政府或国资监管机构，其专业领域在于制定国家层面的监管政策和法规，协调众多国有企业的整体资产配置。而国有资本投资、运营公司专注于国有资本市场化运营，拥有高水平的管理团队、科学完善的决策程序和风险管控机制。这种明确的分工有助于各方更好地发挥其比较优势。其次，国有资本投资、运营公司与国有企业及资本市场之间的信息对称性更高。这些公司作为非政府部门，更容易与国有企业建立合作关系，能够更及时地获取市场信息，更好地指导国有企业的经营管理决策。这也是国有企业的投融资活动与资本市场关系密切的原因，其管理层能够及时掌握市场信息。最重要的是，通过授权放权，国有资本授权经营体制改革将国资委原本承担的国有企业经营管理职能与国有资本监管职能分开，使得各自能够更专注于自己的领域，更有效地发挥其比较优势。国资委能够专司国有资本监管职能，加强国有企业外部监管的科学性和有效性。这样，整个国有资本体系更加专业化和专家化，激发了国有企业的活力，提高了国有资本运营和监管效能。综上所述，国有资本授权经营体制改革从比较优势理论的视角，明确分工、发挥各自优势，实现国有资本监管主体和国有资本经营主体的专业化和专家化，最终提高整个国有资本体系的运作效率和监管质量。这一改革充分体现了比较优势理论在国有资本领域的应用，为我国国有企业改革提供了重要的经验和借鉴。

3.2.5　股东积极主义理论

股东积极主义理论的兴起源于20世纪80年代，标志着公司治理领域的一次革命性转变。当时伴随着大规模企业兼并、股票市场的快速发展和全球化的兴起，传统的公司治理模式面临着巨大的挑战。这一时期，公司高层管理者通常被视为公司的最终决策者，而股东往往只是被动的、无法干预公司经营的权利人。然而，股东积极主义理论的主要代表人物，如迈克尔·詹森（Michael Jensen）和戴维·耶尔马克（David Yermack）提出了一种全新的观念。他们强调，股东不仅仅是公司的所有者，更应该是公司治理的参与者和监督者。他们主张股东应该行使其股权，参与公司的战略规划、决策制定和高级管理层的任命，以确保公司的长期成功和股东价值的最大化。

这一理论的演化构成包括几个关键方面。首先，股东积极主义理论强调了股东权利的扩展和保护。这包括提高股东在公司决策中的投票权和提案权，使他们能够更好地监督公司的行为。其次，该理论强调了股东激励机制的设计。通过引入股权激励计划、长期股东奖励和分红政策，激励股东更多地考虑公司的长期绩效，而不仅仅是短期股价波动。最后，股东积极主义理论鼓励股东积极参与公司治理，提出建议和改进建议，以确保公司在管理和决策方面遵循最佳实践。在现代公司治理中，股东积极主义理论具有重要作用。它促使公司董事会和高级管理层更多地关注股东的意见和长期利益，增强了公司的透明度和治理质量。这也对公司的可持续发展产生积极影响，因为公司更倾向于采取符合环境、社会和治理（ESG）标准的经营模式，以满足股东的期望。此外，股东积极主义理论的影响已经反映在公司法律和规定中，推动了公司治理法规的不断完善，从而有利于股东权益的保护和公司的长期可持续发展。

股东积极主义理论在国有资本授权经营体制改革中扮演着关键的角色。这一理论为国有企业和国有资本监管机构提供了有益的思路和方法，以更好地管理国有资产、提高企业绩效、增强国有企业的竞争力。国有资本授权经营体制改革强调了国有资本的所有者属性，将国有资产出资者的职权充分授权给国有资本投资、运营公司，体现了股东积极主义理论的核心思想，即要保护和增强股东的权益。国有资本投资、运营公司作为国有资产的代理人，积极行使股东权益，参与企业治理，确保国有资本的最大化利用。这一制度还通过股权激励计划激发管理团队对企业长期绩效的关注，推动可持续发展。同时，国有资本投资运营公司积极参与企业治理，提出建议和改进建议，有助于提高企业的决策质量和执行效率。总之，股东积极主义理论为国有资本授权经营体制改革提供了有力的理论支持，促使国有企业更加注重股东权益的保护、长期绩效的导向、积极的治理参与。通过这些方式，国有企业得以提高管理效率、推动可持续发展，实现更好的经济效益和社会效益。

3.2.6　并购协同理论

并购协同理论强调，通过企业并购，交易双方可以实现在生产资源、人力资源、研发能力和管理经验等方面的互补，从而创造出超过两个独立企业总价值之和的效益。这体现为一种"1+1>2"的现象，即合并后的企业能够实现比独立存在时更大的整体价值。

并购协同理论在实际并购过程中表现为多层面的协同效益，其中包括但不限于财务协同理论、管理协同理论、经营协同理论等（Geary，2013）。

财务协同理论强调在企业并购中通过合并双方的财务资源实现协同效应。这包括规模经济效应，通过合并在财务管理、会计等方面共享资源，降低成本，提高效率。融资成本的优化是关键，合并后的企业可能因规模扩大和信誉提升而获得更有利的融资条件。税收优势通过整合企业结构，减少税负，提高盈利水平。资本结构优化涉及整合债务和股权，以降低成本和提高财务灵活性。此外，合并还能实现风险分散，使企业更为稳健。综合而言，财务协同理论认为通过整合和优化财务资源，企业并购能够创造出超过两个独立企业总价值之和的经济效益。

管理协同理论的基本思想是，通过整合来自不同公司的管理优势，特别是那些在运营、战略规划和组织协调方面表现出色的企业，可以为被并购公司提供关键的管理经验和资源。这种管理协同的效果旨在弥补并购目标公司在管理方面的不足，进而提升整个合并企业的管理水平。对于管理效率较低的公司而言，如果有更具管理经验的公司并购它们，可以带来先进的管理理念，从而能够帮助效率低的公司提升管理效率（Servaes，1991）。这种并购不仅能够优化单个企业的管理效率，还能实现"1+1>2"的效果。

经营协同理论强调通过企业并购实现研发、生产、销售等价值环节的资源共享。此理论认为，合并双方未能同时达到最优生产水平的公司可以通过整合各自的运营活动，提高整体效率和市场竞争力。通过协同，企业可以更有效地利用资源进行专业化生产和经营活动，并降低成本，创造更大的附加值。这种资源共享不仅使企业在特定环节更为专业和高效，还有助于降低整体成本，提高整体竞争力。通过经营协同，合并双方的价值链，企业可以更加有效地利用资源，提高生产效率，并在市场上创造更大的附加值。

3.3　本章小结

本章对本书研究主题国有资本授权经营与国有企业并购绩效相

关的重要理论进行了阐述和分析。首先，出资者财务理论和产权理论阐述了国有资本授权经营体制改革的理论根源。在国有资本授权经营体制改革之前，国资委按照"管资产与管人、管事相结合"的原则来管理国有企业，导致对企业的生产和经营进行过多的行政干预，而且由于出资者和经营者权利边界不清，内部人控制问题也对企业的长期健康发展构成了威胁。而国有资本授权经营体制改革明确分离了出资者与经营者的权利和职责。其次，有效管理幅度理论、比较优势理论和股东积极主义理论为我们回答国有资本授权经营在实践中如何发挥作用提供了必要的理论基础，这三个理论解释了国有资本授权经营体制改革能够推动国资委的职能由过去的直接管理转变为监管和评价，实际管理幅度更为精准、更能发挥比较优势，将国有资产出资者的职权充分授权给国有资本投资、运营公司，实现股东到位，缓解了国有企业一直以来存在的政府干预和内部人控制问题，从而为后文研究国有资本授权经营如何提升国有企业并购绩效提供理论依据。最后，并购协同理论为本书的研究主线国有资本授权经营与并购绩效之间的关系提供了理论基础和解释工具。并购协同理论强调，通过企业并购，交易双方可以实现在生产资源、人力资源、研发能力和管理经验等方面的互补，从而创造出超过两个独立企业总价值之和的效益。然而，在现实中，企业的并购绩效表现不佳，说明并购没能实现协同效应。

本书理论分析框架图如图3-2所示。

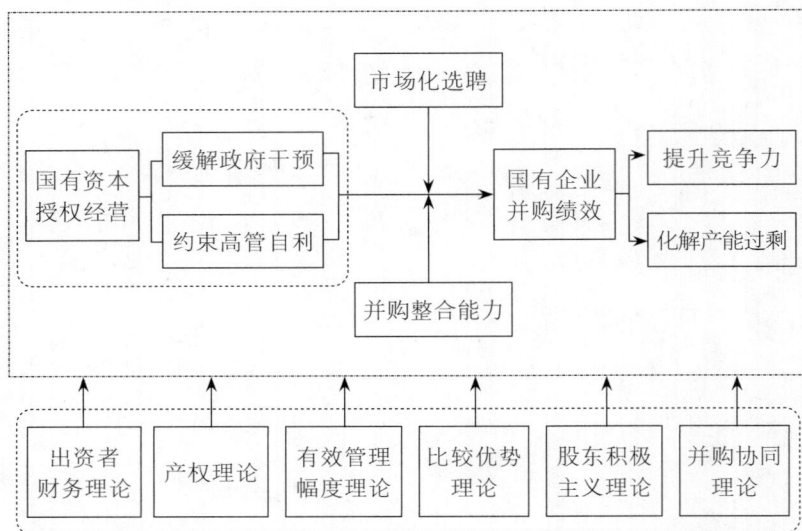

图 3-2　理论分析框架图

4

国有资本授权经营对国有企业并购绩效的影响

中国的经济改革在过去40多年中取得了举世瞩目的成就，这不仅促进了我国经济的长足发展，而且为其他转型经济体的改革提供了良好的借鉴范本（Qian et al.，2006）。国有企业作为国民经济的重要支柱，为壮大综合国力、促进经济社会发展作出了突出贡献。尤其在经济高质量发展背景下，国有企业的高质量发展为经济高质量发展提供了物质基础，因此更要坚定不移地把国有企业做强做优做大。并购因其在扩大企业规模、加速企业成长等方面的优势已成为国有资本发展壮大的重要手段之一（Eckbo，2014；逯东等，2019；David，2021），但国有企业的并购效果并不理想，存在并购绩效悖论的情况（李增泉等，2005；潘红波等，2008；方军雄，2008；潘红波和余明桂，2011；陈仕华等，2015；周绍妮等，2017；逯东等，2019）。而现有研究认为，政府干预和管理层自利行为是致使我国国有企业出现并购绩效悖论情况的主要原因（潘红波等，2008；陈仕华等，2015；逯东等，2019；马勇等，2022）。

根据前文的政策梳理和文献梳理，国有资本授权经营理论上应该能够缓解国有企业并购绩效悖论的问题，国有资本授权经营一方面能够促进政企分离，削弱政府干预，将经营自主权归还给企业，激发企业活力；另一方面能够实现所有者到位，通过内部治理和外部监管双管齐下，有效约束管理层的机会主义行为（卜君和孙光国，2021；肖土盛和孙瑞琦，2021；陈艳利和姜艳峰，2021；杨兴全等，2022；綦好东等，2022；陈艳利和钱怀安，2023）。但是现有文献尚未探究国有资本授权经营是否会提高国有企业并购绩效。因此，本书将探究国有资本授权经营这一政策冲击对国有企业并购绩效的影响。本章首先在理论分析的基础上对国有资本授权经营与国有企业并购绩效之间的关系进行了研究；其次，以国有上市公司的并购交易事件作为研究对象，通过构建实证模型的方法探究国有资本授权经营对国有企业并购绩效的影响；再次，从国有资本授权经营试点力度、国资监管职能转变程度等角度对国有资本授权经营与国有企业并购绩效的关系进行深入研究；最后，进一步探究不同的企业所属层级、行业性质、管理层权力大小和外部制度环境下，国有资本授权经营对国有企业并购绩效影响的效果差异。

4.1　理论分析与研究假设

并购协同效应理论等相关理论均认为，并购作为企业优化资源配置和提升企业竞争力的重要手段，应该有助于企业实现价值增长。然而目前针对我国国有企业并购绩效的研究并未能发现并购后的价值增长，反而呈现出并购绩效悖论的情况（李增泉等，2005；潘红波等，2008；方军雄，2008；潘红波和余明桂，2011；陈仕华等，2015；周绍妮等，2017；逯东等，2019）。结合我国的制度背景，现有研究认为政府干预和管理层机会主义行为是造成我国国有企业并购绩效低下的重要原因（潘红波等，2008；陈仕华等，2015；逯东等，2019；马勇等，2022）。

首先，因国有企业特殊的产权属性，更多的国有企业的并购交易受到政府干预的影响，而且在政府干预的影响下，国有企业的并购并未能带来价值增长，存在并购绩效悖论的情况（潘红波等，2008）。具体地，一方面，国有企业普遍承担着较重的战略性和社会性政策负担（Lin et al.，1998；林毅夫和李志赟，2004；曾庆生和陈信元，2006；吴联生，2009），在此背景下，并购因其在扩大企业规模和优化资源配置方面的优势，而被更多的国有企业选择。政府干预下的"拉郎配并购"，可以帮助困难企业解困，防止企业破产对当地就业和社会稳定等方面产生不良影响。这种政府干预下的并购，更多地发挥着掠夺之手的作用，对主并方造成较大的负担（Shleifer and Vishny，1998；潘红波等，2008）。另一方面，国有企业还普遍受到政府官员的政治目标的影响（周黎安，2004；Li and Zhou，2005；逯东等，2012），地方政府官员主导推动"拉郎配并购"，快速做大当地企业，以实现自身的政治晋升（潘红波等，2008），但是这种并购交易方式，大多是政府意志的转嫁，未能考虑并购目标选择的合理性，以及并购之后的整合问题，不利于企业价值创造。

其次，管理层机会主义行为也是造成我国国有企业并购绩效低下的重要原因。具体地，一方面，基于管理层机会主义假说，当企业有一定的留存现金时，管理层更可能将其用于提升自身福利待遇，甚至为追求企业规模扩大带来的隐性在职消费、建造个人帝国和显性薪酬收入而进行过度投资和实施并购（Marris，1964；Baumol，1967；Jensen and Meckling，1976；Finkelstein et al.，2009）。现有研究发现，管理层机会主义主导下的并购交易并不能带来正面的企业并购绩效（Grinstein and Hribar，2004；李善民等，2009）。因国有企业固有的所有者缺位问题导致的国有企业管理层缺乏有效的监督，会更进一步助长管理层的机会主义行为。另一方面，我国部分国有企业的高管既是企业的经理人又是政府的官员，且其经理人市场相对较为封闭（Chen et al.，2018），这使其在事业发展中表现出更为明显的政治追求动机（陈冬华等，2011；郑志刚等，2012；杨瑞龙等，2013；张维迎，2014；陈仕华等，2014；Cao et al.，2019）。而政府部门在考核国有企业高管的表现时，通常将企业成长速度作为重要的评估标准（杨瑞龙等，2013），这促使有着政治晋升追求的国有企业高管更可能通过并购活动来实现企业的快速成长，而非通过更为健康的内生方式来实现企业的成长（陈仕华等，2015）。成长压力可能会进一步导致国有企业高管在并购交易中采取更为激进的手段（March and Shapira，1987；

Greve，2008），比如在决定是否进行并购交易时会低估并购中的交易风险、高估并购中的协同效应（Harding and Rovit，2004；Laurie et al.，2006），在并购支付阶段愿意支付较高的并购溢价（Kim et al.，2011），从而对并购绩效产生不利影响（陈仕华等，2015）。

已有文献对国有企业并购绩效悖论问题成因的讨论可以概括为政府干预和管理层机会主义行为两个角度，因此，治理国有企业并购绩效悖论问题应同时关注国有企业的政府干预和管理层机会主义行为，而国有资本授权经营在政策制定时较为充分地考虑了这两类问题，为降低政府干预和抑制管理层机会主义行为提供了一个行之有效的思路。通过改组组建国有资本投资、运营公司，国有资本授权经营一方面能够在国资委和国有企业间构建隔离层和屏障，推动政企分离，使两类公司能够代替国资委履行出资人职能，以市场化的运作手段参与到国有企业的经营管理当中，在减弱政府干预的同时将经营自主权归还给企业，以激发其活力。另一方面能够促进所有者到位，有助于加强对国有企业管理层的监督和管理，有效约束管理层的机会主义行为。同时伴随着经理人选聘权力下放，市场化的选聘将削弱国有企业高管的"政治官员身份"，从而抑制国有企业高管追求政治晋升的机会主义行为。因此，国有资本授权经营理论上应该能够缓解国有企业的并购绩效悖论问题。本书接下来将分别从政府干预视角和管理层机会主义行为视角考察国有资本授权经营与国有企业并购绩效的关系。

基于政府干预视角，国有资本授权经营可以通过降低政府干预来缓解政策性负担对国有企业经营的不良影响，进而提高国有企业并购绩效水平。具体地，首先，国有资本授权经营通过改组组建国有资本投资、运营公司，改变了原有的"国资委—国有企业"的两层监管架构，形成了新的"国资委—国有资本投资、运营公司—国有企业"的三层监管架构，通过增设国有资本投资、运营公司这个隔离层和屏障，能够促使政企分离，降低政府的直接干预（柳学信，2015；胡锋和黄速建，2017），减少国有企业政府干预下的并购交易，从而提升国有企业的并购绩效水平。其次，基于出资者财务理论，为了确保企业的良好运营，必须明晰地划分出资者和经营者之间的权利边界。出资者应主要关注其资本的投资和回报，而不是日常的企业经营决策。经营者应当承担受托经营的责任，确保企业的正常运营并为出资者创造价值。国有资本授权经营正是出资者财务理论的一次实际应用，在国有资本授权经营中，明确地将出资者职能授权给国有资本投资、运营公司代为履行，这样的安排有助于分离国有资本出资者和经营者的权利和职责，限制了政府对企业的直接干预，削弱了政府干预问题对国有企业并购决策的影响。再次，国有资本投资、运营公司对国有企业的管理主要采取股权管理方式，以其持股比例为限采用市场化的手段参与国有企业的运营管理，成功地将行政手段转化为经济手段（麦磊等，2016），能够促使国有企业的并购交易更加符合市场化原则（李井林，2021），逐渐脱离直接的行政干预，从而有助于抑制国有企业的并购交易过多地服务于政策性目标。最后，在国有资本授权经营实践中，国资委除了将出资者职能授权给国有资本投资、运营公司代为行使外，还进一步在选人用人和股权激励、战略规划和主业管理、工资总额和重大事项管理等方面进行授权放权，国有企业获得更多的经营自主权，政府对国有企业的干预能力随之下降（廖红伟和杨良平，2018），从而使国有企业的经营目标得以纯化并以企业价值最大化为导向进行并购交易（胡建雄，2021），进而有助于减轻政府干预对国有企业并购绩效造成的负面影响。

基于管理层机会主义行为视角，国有资本授权经营可以通过对管理层的有效监督来缓解管理层机会主义行为对国有企业经营的不良影响，进而提高国有企业并购绩效水平。首先，国有资本授权经营通过将国有资本出资者的职权充分授权给国有资本投资、运营公司，促进了国有企业的所有者到位。国有资本投资、运营公司作为新型三层监管架构的中间层，能够将"政府"人格化，塑造出可以参与国有企业运营且按照市场模式运作的人格化积极股东，实现对管理层机会主义行为的有效监督（王曙光和王天雨，2017；张宁和才国伟，2021；肖土盛和孙瑞琦，2021；綦好东等，2023），推动国有企业的管理层依照企业发展规划来做出并购决策，从而促进国有企业并购绩效水平的提升。其次，国有资本授权经营通过授权放权机制将企业管理者的选拔和聘任、薪酬业绩考核等权利回归到经理人市场。一方面，市场化的职业经理人淡化了国有企业管理者的"政府官员身份"，减少了国有企业高管追求政治晋升的机会主义行为，而且职业经理人的薪酬与业绩挂钩（卜君和孙光国，2021），能促使其以企业价值最大化为目标进行并购决策。另一方面，市场化的职业经理人因经营不善而被解聘的可能性更大，出于维护职业声誉和保住职位的考虑，管理层将会更为审慎地选择并购交易对象，注重并购整合过程中的管理，从而确保取得更高的并购绩效。最后，国有资本授权经营通过授权放权促使国资委剥离经营管理职能，国资委回归单一的监督者角色，专注于发挥监督职能。基于有效管理幅度理论和比较优势理论，这种安排明确了国资委的实际管理幅度的范围，确保实际管理幅度与有效管理幅度之间的一致性，同时国资委也能更专注于其具有比较优势的监督领域，更好地发挥其比较优势，提高整体的监管质量。在高效的监管下，国有企业管理层将会更为审慎地选择并购项目，避免无效并购，同时也会持续关注并购整合过程，最终实现并购绩效的提升。

综合以上分析，本书提出如下研究假设：

H4.1：国有资本授权经营能够显著提高国有企业的并购绩效。

4.2 研究设计

4.2.1 样本选取与数据来源

本书选取 2010—2020 年沪深 A 股国有上市公司作为初始样本，之所以选取 2010 年作为研究的起始年，原因在于本书使用的双重差分法需要试点前后几年的数据来评估被解释变量试验前后的变化，而为了有效推进国有资本授权经营并使其在实践中取得显著成果，国务院国资委以及各地方国资委自 2014 年起，陆续在中央企业和地方国有企业改组组建了若干国有资本投资、运营公司试点单位。此外，考虑到并购绩效的计算需要用到并购前两年和并购后两年的数据，故本书样本截至 2020 年，且本书实际研究样本期间为 2008—2022 年。

改组组建国有资本投资、运营公司是国有资本授权经营的重要举措，所以本书以国有资本投资、运营公司的改革试点作为判断企业是否进行国有资本授权经营的重要标志，并以此作为本书样本的分组依据，将样本分为实验组和对照组。

本书将进行了国有资本投资、运营公司改革试点的企业的下属上市公司作为实验组。国有资本投资、运营改革试点的数据通过手工整理获得，具体地，国务院国资委和各地方国资委官方网站会不定期公示国有资本投资、运营公司改革试点名单和改革情况，同时新浪财经、国资智库、国资小新等财经网站和微信公众号也会不定期披露国有资本投资、运营试点改革情况，本书对此进行收集和整理，并借助百度等搜索引擎进一步补充试点数据；然后根据各个国有企业的官方网站和国泰安数据库（CSMAR）中的控股层级关系确定国有资本投资、运营公司下属的上市公司。

本书的并购样本来源于国泰安（CSMAR）并购重组数据库的"交易信息总表"，以 2010 年 1 月 1 日至 2020 年 12 月 31 日之间的并购交易事件作为初选样本，然后参考现有文献（Greve and Zhang，2017；王艳和李善民，2017；赖黎等，2017；周邵妮等，2017；逯东等，2019；陈仕华和王雅茹，2022）的普遍做法，对初始并购交易事件进行了进一步筛选：（1）由于本书研究对象是收购方公司，故样本仅保留交易地位是收购方的并购交易样本；（2）考虑到本书研究对象是国有上市公司，故仅保留国有上市公司的并购交易样本；（3）考虑到证券、银行、保险等金融行业公司的特殊性，故剔除了收购方是金融行业公司的并购交易样本；（4）剔除了被证监会特别处理的 ST、*ST 类上市公司发起的并购交易样本；（5）剔除了并购交易最终没有成功的并购交易样本；（6）为达到降噪的目的，如果同一公司在同一年度发生多起并购交易事件，仅保留第一次的并购交易样本；（7）按照国泰安数据库（CSMAR）中的并购重组类型编码，剔除了并购重组类型是股份回购、资产剥离、债务重组与资产置换等的并购交易事件样本；（8）考虑到交易规模较小的并购交易事件对收购方的影响相对较小，剔除了交易金额小于 100 万元的交易事件样本；（9）剔除了关键数据缺失的并购交易样本。通过上述数据筛选，本书最终得到 2 577 个观测值，本书研究样本中实验组和对照组的具体分布情况见表 4-1。

表 4-1　　　　　　　　　研究样本分布情况

年度	2010	2011	2012	2013	2014	2015	2016	2017	2018	2019	2020	合计
实验组	0	0	0	0	1	10	19	31	52	64	70	247
对照组	283	264	247	236	221	212	201	187	162	174	143	2 330
合计	283	264	247	236	222	222	220	218	214	238	213	2 577

本书所使用的人均 GDP 数据来源于中经网统计数据库，后文进

一步研究中所使用的外部制度环境数据来自王小鲁等（2019）编制的《中国分省份市场化指数报告》，其他的公司治理和公司财务数据均来自国泰安数据库（CSMAR）。此外，为缓解极端值对本书研究结果的影响，本书对所有连续变量进行了上下 1% 水平的 Winsorize 缩尾处理。本章实证部分首先通过 Excel 软件对数据进行预处理，然后借助 Stata17.0 软件进行后续的实证检验。

4.2.2　模型设计

本章主要探讨的是国有资本授权经营对国有企业并购绩效的影响。因此本章主要被解释变量是反映国有企业并购绩效水平的变量 *M&A Performance*，主要的解释变量是反映国有企业是否进行了国有资本授权经营的虚拟变量 *DID*。

由于国有资本授权经营试点的逐步推进，因此本书实验组发生政策冲击的时间点并不一致，鉴于此，本书参考 Beck 等（2010）、Moser 和 Voena（2012）的做法，采用多时点双重差分模型来考察国有资本授权经营对控股企业并购绩效的影响。为了检验假设 4.1，本书设计如下模型来进行实证检验：

$$M\&APerformance_{i,t} = \beta_0 + \beta_1 DID_{i,t} + \beta_2 Controls_{i,t} + \delta_i + \lambda_t + \varepsilon_{i,t} \qquad (4.1)$$

模型（4.1）中，$M\&APerformance_{i,t}$ 代表的是国有企业并购绩效水平，$DID_{i,t}$ 代表的是国有企业是否受到国有资本授权经营的冲击，$Controls_{i,t}$ 代表的是一系列影响国有企业并购绩效水平的因素。同时，本书还控制了年份固定效应（δ_i）和公司固定效应（λ_t）。$\varepsilon_{i,t}$ 为残差，$DID_{i,t}$ 的估计系数 β_1 反映了国有资本授权经营对国有企业并购绩效的影响效果。如果 β_1 大于 0，代表国有资本授权经营能够提升国有企业并购绩效水平；如果 β_1 小于 0，则代表国有资本授权经营会降低国有企业的并购绩效水平。结合前文的理论分析与研究假设，本书预期

$DID_{i, t}$的估计系数β_1将大于 0。

4.2.3 变量定义

（1）被解释变量

模型（4.1）中的被解释变量是国有企业并购绩效水平（*M&A Performance$_{i, t}$*），目前学术界关于企业并购绩效水平的测度主要有两种方法：一种是基于财务数据的单一财务指标分析法。比如，学者采用并购交易前后的财务指标变化情况来衡量企业的并购绩效水平，其中，总资产收益率（ROA）和托宾 Q 值（Tobin's Q）等财务指标的使用频率较高（Cai and Sevilir，2012；陈仕华等，2015；陈胜蓝和马慧，2017；逯东等，2019）。另一种是基于事件研究的方法。从资本市场股票波动角度来衡量企业并购绩效水平，根据时间窗口的长短还可以进一步区分短期并购绩效（CAR）和长期并购绩效（BHAR），短期并购绩效通常以并购首次公告前后几日作为窗口期，而长期并购绩效则以并购首次公告日后至少 12 个月作为时间窗口。参照李增泉等（2005）的研究，由于两种方法各有优缺点，故本书拟同时采用基于财务数据的方法和基于事件研究的方法来衡量国有企业并购绩效水平。另外，考虑到并购交易活动应该是一个较长的过程，不应该局限于买卖交易时点，应该包含交易完成之后的整合过程，且本书着重研究国有资本授权经营对国有企业并购绩效产生的实际治理作用，这个作用将在并购交易完成之后一段时间才会显现出来，故本书重点关注并购的长期绩效水平。

综上所述，本书的并购绩效水平包括企业并购经营绩效（*ΔROA*）和企业并购市场绩效（*BHAR*）。

对于企业并购经营绩效（*ΔROA*），本书参考 Cai 和 Sevilir（2012）、陈仕华等（2015）、陈胜蓝和马慧（2017）、逯东等（2019）

的研究，采用企业并购首次公告日前后两年总资产收益率（ROA）的变动来测度企业并购经营绩效。具体地，用企业并购完成后两年（$t+1$ 年，$t+2$ 年）的总资产收益率（ROA）的均值减去企业并购完成前两年（$t-1$ 年，$t-2$ 年）的总资产收益率（ROA）的均值，即为企业并购经营绩效（ΔROA）。

对于企业并购市场绩效（BHAR），本书参考 Gregory（1997）、陈仕华等（2015）、王艳和李善民（2017）、王艳等（2023）的研究，以企业在并购后 t 年至 $t+2$ 年（24 个月）所表现出的累计超额收益率来衡量，其具体计算公式如下：

$$BHAR_{i,\ T} = \prod_{t=0}^{T}(1 + R_{it}) - \prod_{t=0}^{T}(1 + R_{pt}) \tag{4.2}$$

模型（4.2）中，$BHAR_{i,\ T}$ 代表收购方 i 开展并购后 $[0,\ T]$ 月的超额收益率，T 的取值范围为 0~24，$T=0$ 代表并购交易当月，$T=1$ 代表并购交易后一个月，以此类推……R_{it} 表示收购方 i 在 t 月的收益率；R_{pt} 表示对应组合的月收益率，本书参照王艳和李善民（2017）、王艳等（2023）的研究方法，采用交叉分组的方法来计算 R_{pt}，具体计算步骤如下：首先，确认收购方在 t 年 6 月份的流通市值规模，将其按照从小到大的顺序进行排序，排序完成后平均分成 5 组；然后，在各组内按照企业 $t-1$ 年年底的数据，计算收购方的所有者权益账面/市值比，并再次按照从小到大的顺序排序，排序完成后进一步均分为 5 组，由此，每一年中，所有收购方被均分为 25 组；最后，分别计算各组的等权月收益率 R_{pt}。

一般而言，上述企业并购经营绩效（ΔROA）和企业并购市场绩效（BHAR）两个指标的数值越大，代表企业的并购绩效越好。

此外，为确保研究结论的可靠性，本书在稳健性检验部分还使用并购首次公告日前后两年净资产收益率（ROE）的变动量和并购首次公告日前后两年托宾Q值的变动量作为并购绩效水平的替代指标，对样本重新进行检验。

（2）解释变量

模型（4.1）中的解释变量是国有资本授权经营的虚拟变量（*DID*），代表国有资本授权经营的事件冲击。*DID*实质上是分组虚拟变量*Treat*和时间虚拟变量*Post*的交乘项。如果样本公司的实际控制人被选为国有资本投资、运营公司改革试点，则属于实验组，此时*Treat*取值为1，否则属于对照组，*Treat*取值为0。对于实验组样本，如果样本期间位于公司实际控制人被选为国有资本投资、运营公司改革试点当年以及之后年度，那么*Post*取值为1，否则*Post*取值为0。因此，如果样本公司的实际控制人当年已经被纳入国有资本投资、运营公司改革试点，变量*DID*取值为1，否则取0。其经济意义可以归纳为，当*DID*取值为1时，样本公司受到了国有资本授权经营的影响；而当*DID*取值为0时，样本公司没有受到国有资本授权经营的影响。

（3）控制变量

在选取控制变量时，本书在对现有研究进行总结整理后，从企业并购交易特征、企业经营和财务特征、企业治理特征以及外部宏观环境特征这四个方面选取了相应的控制变量。

一是企业并购交易特征，并购规模（*Scale*）。已有研究发现，并购交易特征会影响企业的并购绩效水平（Martynova and Renneboog，2008；潘红波和余明桂，2011，陈仕华等，2015；逯东等，2019），故本书将并购规模纳入模型当中，对其进行控制。

二是企业经营和财务特征，具体包括公司规模（*Size*）、财务杠杆（*Lev*）、盈利能力（*Roa*）、现金流比率（*CashFlow*）、公司成长性（*Growth*）、公司上市年限（*Age*）。这些特征都可能会影响到企业的并购绩效（李善民等，2004；王宏利，2005；Capron and Shen，2007），故本书将其纳入模型当中，对其进行控制。

三是企业治理特征，具体包括董事会规模（*Board*）、独立董事比例（*Indep*）、两职合一（*Dual*）和高管过度自信（*OC*）。Malmendier 和 Tate（2008）研究发现高管过度自信也会影响到企业的并购绩效。

四是外部宏观环境特征，本书参考潘红波和余明桂（2011）、逯东等（2019）的研究，将人均GDP（*GDP*）纳入模型当中，对其进行控制。

上述就是本章的相关变量及其定义，本章还进一步以表格的形式，对上述的被解释变量、解释变量和控制变量进行整理和分类，具体参见表4-2。

表4-2 **主要变量定义表**

变量类型	变量名称	变量符号	变量说明
被解释变量	企业并购经营绩效	*ΔROA*	并购首次公告日前后两年的ROA变化量，其计算公式表示为：并购后两年ROA的均值−并购前两年ROA的均值
	企业并购市场绩效	*BHAR*	企业在并购后 t 年至 t+2 年（24个月）所表现出的累计超额收益率
解释变量	国有资本授权经营	*DID*	若上市公司的实际控制人当年已经纳入国有资本投资、运营公司改革试点，该变量取1，否则取0
控制变量	并购规模	*Scale*	并购交易金额的自然对数
	公司规模	*Size*	期末总资产的自然对数
	财务杠杆	*Lev*	资产负债率

变量类型	变量名称	变量符号	变量说明
控制变量	盈利能力	*Roa*	总资产收益率
	现金流比率	*CashFlow*	经营活动产生的现金流净额除以总资产
	公司成长性	*Growth*	营业收入增长率
	公司上市年限	*Age*	公司上市年数加1的自然对数
	董事会规模	*Board*	期末董事会总人数的自然对数
	独立董事比例	*Indep*	期末独立董事人数与期末董事会总人数的比值
	两职合一	*Dual*	虚拟变量。当董事长兼任总经理时，该值取1，否则取0
	高管过度自信	*OC*	公司前三位高管薪酬总和与所有高管薪酬总和的比值
	人均GDP	*GDP*	公司注册地所在省份人均GDP

4.3 实证结果与分析

4.3.1 描述性统计

为了初步了解本书研究中涉及的变量的数据分布情况，本书首先对变量进行了描述性统计分析，表4-3是本章被解释变量、解释变量和控制变量的描述性统计分析结果。从表中可以发现，企业并购经营绩效（ΔROA）的均值为-0.122，中位数为-0.094，企业并购市场绩效（$BHAR$）的均值为-0.032，中位数为-0.148，即样本期内国有企业并购绩效的均值和中位数均为负值，说明国有企业在实施并购交易

2 年内并未能提升企业的并购绩效，这一结论与周邵妮等（2017）、
逯东等（2019）的研究结论基本一致。此外，ΔROA 和 $BHAR$ 的标准
差分别为 0.803 和 0.562，说明不同国有企业间的并购绩效差距较大。
国有资本授权经营（DID）的均值为 0.096，说明在样本期内，约有
9.6% 的样本公司的实际控制人被纳入国有资本授权经营范围内，表
明国有资本授权经营范围还较小，受到国有资本授权经营影响的国有
上市公司相对较少，这一结论与肖土盛和孙瑞琦（2021）、卜君和孙
光国（2021）、陈艳利和姜艳峰（2021）、杨兴全等（2022）、綦好东
等（2022）的研究结论基本一致。

表 4-3 主要变量的描述性统计

变量名	样本量	均值	标准差	最小值	中位数	最大值
ΔROA	2 577	−0.122	0.803	−3.107	−0.094	2.994
$BHAR$	2 577	−0.032	0.562	−0.973	−0.148	2.626
DID	2 577	0.096	0.294	0.000	0.000	1.000
$Scale$	2 577	15.730	6.894	−0.400	18.080	25.100
$Size$	2 577	22.980	1.369	20.230	22.850	26.550
Lev	2 577	0.538	0.196	0.101	0.554	0.927
Roa	2 577	0.038	0.044	−0.108	0.032	0.183
$CashFlow$	2 577	0.044	0.071	−0.178	0.046	0.246
$Growth$	2 577	0.175	0.407	−0.522	0.107	2.732
Age	2 577	2.638	0.503	1.099	2.773	3.332
$Board$	2 577	2.208	0.194	1.609	2.197	2.708
$Indep$	2 577	0.372	0.056	0.300	0.333	0.571
$Dual$	2 577	0.103	0.304	0.000	0.000	1.000
OC	2 577	0.563	0.173	0.277	0.532	1.000
GDP	2 577	6.701	3.595	1.288	5.807	16.489

关于控制变量，结合并购规模（*Scale*）的标准差来看，各国有企业的并购规模差距较大。公司规模（*Size*）的均值是 22.980，中位数是 22.850，而且标准差是 1.369，说明样本国有企业的规模有一定的差异。财务杠杆（*Lev*）的平均值是 0.538，中位数是 0.554，最大值达到 0.927，说明样本国有企业的资本结构总体上较为合理，但个别国有企业存在杠杆率过高的问题。盈利能力（*Roa*）的均值是 0.038，中位数是 0.032，最小值是 -0.108，最大值是 0.183，说明样本国有企业间盈利能力有较大差异，部分国有企业盈利能力为负值。现金流比率（*CashFlow*）的平均值是 0.044，中位数是 0.046，最小值是 -0.178，最大值是 0.246，说明样本国有企业中部分国有企业现金较为充足，但有些国有企业却存在资金不足的情况。公司成长性（*Growth*）的平均值是 0.175，中位数是 0.107，最小值是 -0.522，最大值是 2.732，说明国有企业间成长性存在较大差异，但国有企业整体上有着较高的成长性。公司上市年限（*Age*）的平均值和中位数分别是 2.638 和 2.773，与我国资本市场上市公司发展情况相符。董事会规模（*Board*）的均值是 2.208，最小值是 1.609，最大值是 2.708，说明国有企业之间董事会规模仍然存在较大差异。独立董事比例（*Indep*）的平均值是 0.372，中位数是 0.333，最小值是 0.300，最大值是 0.571，标准差是 0.056，说明样本国有企业之间独立董事比例差异较小，这也与现有研究结论基本一致。两职合一（*Dual*）的均值是 0.103，即样本国有企业中仅有 10.3% 的国有企业存在两职兼任情况，说明董事长兼任总经理在国有企业中并不普遍。高管过度自信（*OC*）的平均值是 0.563，最小值是 0.277，最大值是 1，标准差是 0.173，说明样本国有企业间高管的自信程度有所不同。人均 GDP（*GDP*）的均值是 6.701，最小值是 1.288，最大值是 16.489，说明不同地区之间的人均 GDP 存在明显的差异。

4.3.2 相关性分析

表4-4列示了本章各主要变量的Pearson相关系数。从表中可以看出，衡量国有企业并购绩效的两个指标——企业并购经营绩效（ΔROA）和企业并购市场绩效（$BHAR$）的相关系数为0.353，且在1%水平上显著，表明这两个指标具有高度相关性，能够很好地衡量企业的并购绩效水平。国有资本授权经营（DID）与企业并购经营绩效（ΔROA）、企业并购市场绩效（$BHAR$）之间的相关系数分别为0.036和0.016，且分别在5%和10%的水平上显著，表明国有资本授权经营可以提高国有企业并购绩效，初步支持本章的假设。从其他各变量之间的相关系数来看，各系数值都是小于0.5的，初步说明本章的模型不存在严重的多重共线性问题。为了保证研究结果的稳健性，本书又进一步对变量间的方差膨胀因子（VIF）进行检验，结果发现，所有变量间VIF值均是小于3的。

4.3.3 单变量检验

在进行多元回归分析之前，本书首先对整体样本进行了组间差异检验，以期初步验证整体样本是否符合本书研究假设的预期。表4-5列示了国有资本授权经营前后的样本之间的差异性检验结果。从中可以看出，企业并购经营绩效（ΔROA）的均值在进行国有资本授权经营前后存在显著差异，在国有资本授权经营前，企业并购经营绩效（ΔROA）的均值是-0.006，而在国有资本授权经营后，企业并购经营绩效（ΔROA）的均值提升到0.001，表明国有资本授权经营后企业并购经营绩效（ΔROA）有所提升。企业并购市场绩效（$BHAR$）的均值在进行国有资本授权经营前后存在显著差异，在国有资本授权经营前，企业并购市场绩效（$BHAR$）的均值是-0.039，而在国有资本授权经营后，

表4-4

主要变量的相关性分析结果

变量	ΔROA	BHAR	DID	Scale	Size	Lev	Roa	CashFlow	Growth	Age	Board	Indep	Dual	OC	GDP
ΔROA	1.000														
BHAR	0.353***	1.000													
DID	0.036**	0.016*	1.000												
Scale	0.024	0.015	-0.015	1.000											
Size	-0.066***	0.013	0.146***	0.102***	1.000										
Lev	0.004	0.007	0.022	0.025	0.429***	1.000									
Roa	0.071***	-0.063**	-0.011	0.026	-0.035*	-0.432***	1.000								
CashFlow	0.029	0.037*	0.055***	0.009	0.049**	-0.179***	0.334***	1.000							
Growth	0.042**	-0.132***	-0.034*	0.002	0.001	0.051***	0.203***	0.013	1.000						
Age	-0.017	-0.094***	0.155***	0.017	0.121***	0.122***	-0.118***	-0.045**	-0.057***	1.000					
Board	-0.039**	-0.002	-0.022	0.006	0.198***	0.057***	0.052***	0.101***	-0.001	-0.087***	1.000				
Indep	0.001	0.025	0.000	0.024	0.119***	0.069***	-0.083***	-0.060***	-0.043**	0.073***	-0.392***	1.000			
Dual	-0.020	-0.004	-0.019	0.008	-0.039**	0.021	0.000	0.009	-0.002	-0.043**	-0.054***	0.046**	1.000		
OC	0.026	-0.011	-0.001	-0.041**	-0.208***	-0.116***	-0.005	0.008	0.022	0.116***	-0.193***	0.058***	-0.048**	1.000	
GDP	-0.026	0.001	0.102***	0.044**	0.215***	-0.067***	0.055***	-0.002	-0.047**	0.176***	-0.116***	0.068***	0.011	0.065***	1.000

注：表中为Pearson相关系数，***、**、*分别表示1%、5%和10%的显著性水平。

企业并购经营绩效（*BHAR*）的均值提升到0.030，表明国有资本授权经营后企业并购营绩效（*BHAR*）有所提升。上述结果初步验证了本书的研究假设。进一步对其他控制变量的均值差异进行分析，本书发现与国有资本授权经营前相比，国有资本授权经营后样本企业的规模、经营现金流显著提高。

表4-5 主要变量均值差异分析

Two-sample	*DID*=0	*DID*=1	T-test
变量	均值	均值	差异
ΔROA	−0.006	0.001	−0.007**
BHAR	−0.039	0.030	−0.069*
Scale	15.760	15.410	0.346
Size	22.910	23.590	−0.680***
Lev	0.536	0.551	−0.015
Roa	0.039	0.037	0.002
CashFlow	0.043	0.056	−0.013***
Growth	0.179	0.132	0.047*
Age	2.612	2.879	−0.267***
Board	2.209	2.195	0.015
Indep	0.372	0.372	0.000
Dual	0.105	0.085	0.020
OC	0.563	0.562	0.001
GDP	6.578	7.865	−1.287***

注：***、**、*分别表示1%、5%和10%的显著性水平。

4.3.4 多元回归结果分析

在前述分析的基础上，为验证本书的假设4.1，本部分对模型（4.1）进行实证检验。在回归模型的选取方面，本书借鉴 Beck 等（2010）、Moser 和 Voena（2012）的做法，采用多时点双重差分模型进行实证检验。表4-6是国有资本授权经营对国有企业并购绩效影响的回归结果。第（1）和（2）列为控制了年度和个体固定效应后的回归结果，第（1）和（2）列的被解释变量分别为企业并购经营绩效（ΔROA）和企业并购市场绩效（$BHAR$）。第（3）和（4）列为在列（1）和列（2）的基础上加入了控制变量后的回归结果，第（3）和（4）列的被解释变量分别为企业并购经营绩效（ΔROA）和企业并购市场绩效（$BHAR$）。从回归结果中可以看出，在只控制个体和年度固定效应的情况下，国有资本授权经营（DID）与被解释变量企业并购经营绩效（ΔROA）和企业并购市场绩效（$BHAR$）显著正相关，系数分别为0.149和0.186，分别在5%和1%的水平上显著，说明相比实际控制人未进行国有资本授权经营试点的上市公司，实际控制人进行了国有资本授权经营试点的上市公司的并购绩效更高。在增加控制变量后，国有资本授权经营（DID）与被解释变量企业并购经营绩效（ΔROA）和企业并购市场绩效（$BHAR$）仍然显著正相关，系数分别为0.140和0.151，分别在5%和1%的水平上显著，说明国有资本授权经营发挥了积极作用，能够显著提升国有企业的并购绩效，实证结果支持了本书的假设。

表4-6 国有资本授权经营对国有企业并购绩效影响的回归结果

变量名	(1)	(2)	(3)	(4)
	ΔROA	$BHAR$	ΔROA	$BHAR$
DID	0.149^{**}	0.186^{***}	0.140^{**}	0.151^{***}
	(2.15)	(3.28)	(2.05)	(2.70)
$Scale$			−0.001	0.001
			(−0.62)	(0.40)
$Size$			0.013	$−0.250^{***}$
			(0.29)	(−6.55)

变量名	（1）	（2）	（3）	（4）
	ΔROA	$BHAR$	ΔROA	$BHAR$
Lev			0.214	0.726***
			（1.13）	（4.68）
Roa			−2.665***	−0.186
			（−5.13）	（−0.44）
CashFlow			0.480*	0.120
			（1.83）	（0.56）
Growth			−0.112***	0.027
			（−2.88）	（0.86）
Age			−0.908***	−0.012
			（−6.38）	（−0.10）
Board			0.164	−0.034
			（0.91）	（−0.23）
Indep			0.500	−0.167
			（1.05）	（−0.43）
Dual			−0.049	0.003
			（−0.74）	（0.05）
OC			0.034	0.224**
			（0.26）	（2.07）
GDP			−0.046**	−0.065***
			（−2.55）	（−4.36）
Constant	−0.099**	0.031	1.355	5.511***
	（−2.29）	（0.88）	（1.19）	（5.92）
Year	Yes	Yes	Yes	Yes
Firm	Yes	Yes	Yes	Yes
Observations	2 577	2 577	2 577	2 577
R-squared	0.234	0.059	0.278	0.105

注：***、**、*分别表示1%、5%和10%的显著性水平，括号内为T值。

4.4 稳健性检验

为了增强研究结论的可靠性，本章还分别利用平行趋势检验、安慰剂检验、基于倾向得分匹配的双重差分法等方法进行稳健性检验。

4.4.1 平行趋势检验

平行趋势假定是多时点双重差分模型的前提条件，即在国有资本授权经营之前，实验组与对照组的并购绩效水平应呈现相同的发展趋势。为此，有必要通过动态效应检验主模型是否满足平行趋势。

本书借鉴 Beck 等（2010）的研究方法，首先根据国有资本授权经营时间构造时间虚拟变量，然后将时间虚拟变量与分组虚拟变量 $Treat$ 组成交乘项，最后将模型（4.1）扩展为模型（4.3）重新进行回归，以检验国有资本授权经营影响国有企业并购绩效水平的动态效应。

$$
\begin{aligned}
M\&APerformance_{i,t} = {} & \alpha_0 + \alpha_1 Treat_{i,t} \times Before_{i,t}^4 + \alpha_2 Treat_{i,t} \times Before_{i,t}^3 + \\
& \alpha_3 Treat_{i,t} \times Before_{i,t}^2 + \alpha_4 Treat_{i,t} \times Before_{i,t}^1 + \\
& \alpha_5 Treat_{i,t} \times After_{i,t}^0 + \alpha_6 Treat_{i,t} \times After_{i,t}^1 + \alpha_7 Treat_{i,t} \times \\
& After_{i,t}^2 + \alpha_8 Treat_{i,t} \times After_{i,t}^3 + \alpha_9 Treat_{i,t} \times After_{i,t}^{4+} + \\
& \alpha_{10} Controls_{i,t} + \delta_i + \lambda_t + \varepsilon_{i,t}
\end{aligned}
\tag{4.3}
$$

模型 4.3 中，$Before''$ 和 $After''$ 是根据国有资本授权经营时间构造的虚拟变量，$Before^4$、$Before^3$、$Before^2$、$Before^1$、$After^0$、$After^1$、$After^2$、$After^3$、$After^{4+}$，分别为国有资本授权经营前4年、前3年、前2年、前1年、当年、后1年、后2年、后3年、后4年及以上。$Treat$ 为样本的分组变量，如果样本被纳入国有资本授权经营试点范围，则为实验组，$Treat$ 为1，如果样本没有被纳入国有资本授权经营试点范围，则为对照组，*Treat* 为 0。因此，如果观测期内样本公司没有被纳入国有资本授权经营试点范围，交乘项 *Treat×Before*[n] 和 *Treat×After*[n] 为 0。对于观测期内被纳入国有资本授权经营试点的实验组样本，当企业处在改革年份前（后）的第 n 年时，*Treat×Before*[n]（*After*[n]）为 1，其他变量定义同模型（4.1）一致，此处不再赘述。

表 4-7 报告了模型（4.3）的回归结果，第（1）和第（2）列的被解释变量分别为企业并购经营绩效（*ΔROA*）和企业并购市场绩效（*BHAR*）。从回归结果中可以看出，国有资本授权经营前 4 年、3 年、2 年、1 年和国有资本授权经营当年，回归系数均不显著，表明实验组与对照组在国有资本授权经营试点实施前的并购绩效水平不存在显著差异，通过了平行趋势检验；而国有资本授权经营试点实施后 1 年，回归系数开始显著为正，再次证明国有资本授权经营能够显著提高国有企业并购绩效。

表 4-7 稳健性检验：平行趋势检验结果

变量名	（1）	（2）
	ΔROA	*BHAR*
Treat×Before[4]	−0.011	−0.021
	（−0.11）	（−0.25）
Treat×Before[3]	−0.131	0.005
	（−1.34）	（0.06）
Treat×Before[2]	−0.101	0.012
	（−0.97）	（0.14）
Treat×Before[1]	0.010	0.026
	（0.10）	（0.31）
Treat×After[0]	0.012	0.091
	（0.10）	（0.98）

变量名	（1） ΔROA	（2） $BHAR$
$Treat \times After^1$	0.260**	0.226**
	（2.25）	（2.24）
$Treat \times After^2$	0.143	0.336***
	（1.16）	（2.66）
$Treat \times After^3$	0.073	0.141
	（0.48）	（1.48）
$Treat \times After^{4+}$	−0.014	0.063
	（−0.09）	（0.50）
$Scale$	−0.002	0.001
	（−0.69）	（0.34）
$Size$	0.018	−0.248***
	（0.38）	（−6.49）
Lev	0.203	0.720***
	（1.07）	（4.63）
Roa	−2.714***	−0.207
	（−5.21）	（−0.48）
$CashFlow$	0.488*	0.123
	（1.86）	（0.57）
$Growth$	−0.114***	0.025
	（−2.93）	（0.79）

变量名	（1）	（2）
	ΔROA	BHAR
Age	−0.892***	−0.017
	（−6.23）	（−0.14）
Board	0.169	−0.047
	（0.94）	（−0.32）
Indep	0.462	−0.181
	（0.97）	（−0.46）
Dual	−0.042	0.004
	（−0.64）	（0.08）
OC	0.027	0.216**
	（0.20）	（1.98）
GDP	−0.049***	−0.066***
	（−2.65）	（−4.40）
Constant	1.247	5.530***
	（1.10）	（5.93）
Year	Yes	Yes
Firm	Yes	Yes
Observations	2 577	2 577
R−squared	0.281	0.108

注：***、**、*分别表示1%、5%和10%的显著性水平，括号内为T值。

4.4.2 安慰剂检验

根据前文的理论分析，本书认为主要是由于国有资本授权经营带来的治理效应促使了国有企业并购绩效水平的提升。那么，如果实验组的样本没有受到国有资本授权经营的冲击，是否还会呈现出较高的国有企业并购绩效呢？观测期内的一些无法观测到的随机因素或者同一时期的其他政策，也可能会对样本公司的并购绩效产生影响，进而可能会对前文的研究结论造成影响。为了验证国有企业并购绩效的提升确实是国有资本授权经营导致的，本书拟进行安慰剂检验。具体地，本书为每个样本公司随机虚构一个改革年份，构造出新的国有资本授权经营变量 $DID2$，用 $DID2$ 替换 DID 对模型（4.1）进行重新回归。如果此时的回归结果仍然显著，则说明不论是否受到国有资本授权经营的冲击，国有企业都会呈现出较高的并购绩效水平，即本书的并购绩效的提升可能是由其他无法观测到的因素或者同一时期的其他政策导致的；相反，如果此时的回归结果不显著，则代表国有资本授权经营对国有企业并购绩效有显著影响。

表4-8报告了国有资本授权经营对国有企业并购绩效影响的安慰剂检验结果，第（1）和第（2）列的被解释变量分别为企业并购经营绩效（ΔROA）和企业并购市场绩效（$BHAR$）。从回归结果中可以看出，$DID2$ 的系数不再显著，说明如果企业未受到国有资本授权经营的影响，那么其并购绩效并不会出现显著提升的情况，再次证明国有企业并购绩效的变化来源于国有资本授权经营的冲击，这与前文的结论是相符的。

表4-8　　　　　　　稳健性检验：安慰剂检验结果

变量名	(1)	(2)
	ΔROA	$BHAR$
DID2	−0.002	−0.576
	(−0.01)	(−1.46)
Scale	−0.001	0.001
	(−0.62)	(0.39)
Size	0.012	−0.252***
	(0.25)	(−6.61)
Lev	0.203	0.714***
	(1.07)	(4.60)
Roa	−2.659***	−0.123
	(−5.09)	(−0.29)
CashFlow	0.479*	0.116
	(1.82)	(0.54)
Growth	−0.111***	0.028
	(−2.87)	(0.88)
Age	−0.911***	−0.025
	(−6.38)	(−0.21)
Board	0.162	−0.032
	(0.90)	(−0.21)
Indep	0.475	−0.196
	(1.00)	(−0.50)
Dual	−0.046	0.005
	(−0.70)	(0.10)
OC	0.043	0.234**
	(0.33)	(2.16)
GDP	−0.050***	−0.069***
	(−2.77)	(−4.66)

变量名	（1）	（2）
	ΔROA	BHAR
Constant	1.432	5.621***
	(1.26)	(6.03)
Year	Yes	Yes
Firm	Yes	Yes
Observations	2 577	2 577
R-squared	0.276	0.102

注：***、**、*分别表示1%、5%和10%的显著性水平，括号内为T值。

4.4.3 基于倾向得分匹配的双重差分法

改组组建国有资本投资、运营公司是国有资本授权经营的核心举措，国有资本投资、运营公司试点是逐步推行的，即两类公司的选取并非随机确定的，可能存在"靓女先嫁"的问题。为解决这个问题，本书参考陈艳利和钱怀安（2023）的做法，采用基于倾向得分匹配的双重差分法（PSM-DID）进行稳健性检验。首先运用倾向得分匹配方法为实验组匹配条件相当的对照组，以增强两组样本的可对比性，然后结合双重差分法对匹配后的样本进行回归，以更加准确地检验国有资本授权经营对国有企业并购绩效的净影响。具体地，本书首先以是否进入国有资本授权经营试点作为被解释变量对各解释变量进行初步的 Logit 回归，筛选出对被解释变量有显著影响的解释变量：公司规模（Size）、现金流比率（CashFlow）、公司上市年限（Age）、董事会规模（Board）和独立董事比例（Indep），并获得倾向得分值。接着，考虑到本书的实验组样本较少，本书以筛选出的变量作为协变量，采用1∶3最近邻匹配法将实验组与对照组进行匹配。匹配完成后，本书进一步检验匹配效果，检验结果列示于表4-9和图4-1。如

表4-9所示，匹配后实验组与对照组各变量均值的标准偏差的绝对值均保持在10%以内，且匹配后的T统计量均不显著，符合平衡性检验。此外，本书还绘制了匹配前后实验组与对照组倾向得分的核密度图，以便更直观地对比匹配前后的差别。图4-1中上图是匹配前两组样本的倾向得分差异，下图是匹配后两组样本的倾向得分差异。匹配前的实验组和对照组的倾向得分值概率密度分布差异较大，而匹配后的实验组与对照组的倾向得分值的概率密度已经非常接近，说明匹配后的样本满足共同支撑假设。表4-9和图4-1的结果总体说明本书匹配变量的选择较为合理，匹配效果良好，为接下来的双重差分检验筛选出了较为合适的样本，有助于考察国有资本授权经营实施的真实效果。

表4-9　　　　　　　　　　倾向得分匹配平衡性检验结果

变量名称	匹配前/匹配后	均值		标准偏差（%）	T统计量	T检验 p>t
		处理组	对照组			
Size	前	23.592	22.911	50.8	7.51	0.000
	后	23.592	23.673	−6.1	−0.67	0.505
CashFlow	前	0.056	0.043	20.0	2.82	0.005
	后	0.056	0.053	5.1	0.58	0.562
Age	前	2.879	2.612	58.3	8.02	0.000
	后	2.879	2.903	−5.2	−0.69	0.488
Board	前	2.195	2.209	−7.5	−1.12	0.262
	后	2.195	2.189	2.7	0.30	0.766
Indep	前	0.372	0.372	0.2	0.02	0.982
	后	0.372	0.374	−4.0	−0.44	0.661

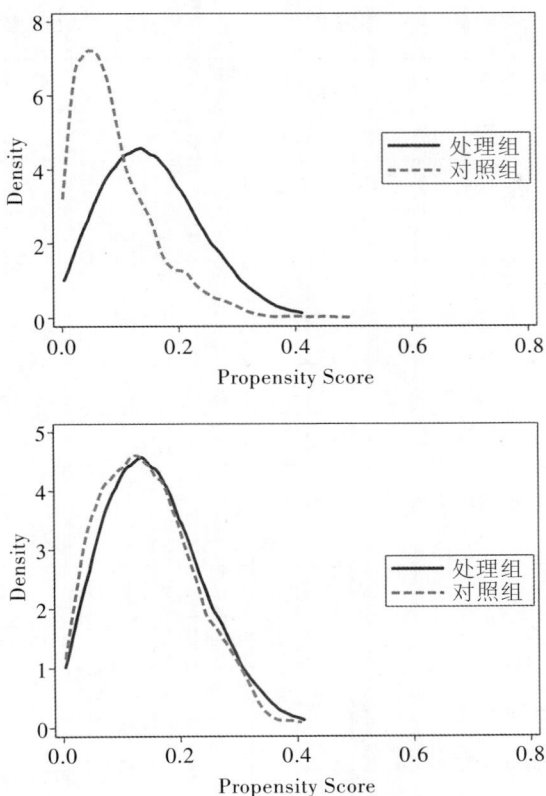

图 4-1　匹配前后核密度图

　　在确定匹配样本后，本书对模型（4.1）进行重新回归，结果见表 4-10，第（1）和第（2）列的被解释变量分别为企业并购经营绩效（ΔROA）和企业并购市场绩效（$BHAR$）。由表 4-9 可知，国有资本授权经营（DID）与被解释变量企业并购经营绩效（ΔROA）和企业并购市场绩效（$BHAR$）显著正相关，说明最近邻匹配后，国有资本授权经营对国有企业并购绩效影响的结论不变，证明了本书研究结论的稳健性。

表4-10   稳健性检验：基于倾向得分匹配的双重差分检验结果

变量名	（1）	（2）
	ΔROA	BHAR
DID	0.239*	0.219*
	(1.93)	(1.80)
Scale	−0.008*	0.006
	(−1.74)	(1.30)
Size	0.196	−0.420***
	(1.55)	(−3.36)
Lev	0.195	0.793*
	(0.42)	(1.73)
Roa	−2.224**	0.074
	(−2.09)	(0.07)
CashFlow	0.486	−0.236
	(0.79)	(−0.39)
Growth	−0.116	−0.088
	(−1.38)	(−1.06)
Age	−0.482	−0.459
	(−0.85)	(−0.82)
Board	1.554***	0.837**
	(4.07)	(2.22)
Indep	2.687***	1.976**
	(2.64)	(1.97)
Dual	−0.000	−0.225
	(−0.00)	(−1.56)

变量名	(1)	(2)
	ΔROA	$BHAR$
OC	0.239	0.157
	(0.89)	(0.59)
GDP	−0.085**	−0.103***
	(−2.32)	(−2.84)
Constant	−7.803**	7.846**
	(−2.40)	(2.45)
Year	Yes	Yes
Firm	Yes	Yes
Observations	753	753
R-squared	0.320	0.171

注：***、**、*分别表示1%、5%和10%的显著性水平，括号内为T值。

4.4.4 删除试点当年样本

前文实证模型在设定时，将Post变量在试点改革当年赋值为1，用以分析样本在试点前与试点当年、试点后的并购绩效表现。这里，本书参考李文贵等（2017）的方法，将国有资本授权经营当年的样本删除，再次对模型（4.1）进行回归，直接考察样本公司试点前后的并购绩效情况。

回归结果见表4-11，第（1）和第（2）列的被解释变量分别为企业并购经营绩效（ΔROA）和企业并购市场绩效（$BHAR$）。由表4-11可知，国有资本授权经营（DID）与被解释变量企业并购经营绩效（ΔROA）和企业并购市场绩效（$BHAR$）显著正相关，回归系数分别为

0.202和0.185，分别在5%和1%的水平上显著，与前文结果基本一致，再次证明本书研究结论的稳健性。

表4-11　　　　　稳健性检验：删除试点当年样本检验结果

变量名	ΔROA	BHAR
DID	0.202**	0.185***
	（2.57）	（2.87）
Scale	−0.001	0.001
	（−0.59）	（0.42）
Size	0.030	−0.238***
	（0.63）	（−6.19）
Lev	0.200	0.753***
	（1.04）	（4.80）
Roa	−2.642***	−0.012
	（−4.94）	（−0.03）
CashFlow	0.489*	0.126
	（1.81）	（0.57）
Growth	−0.123***	0.021
	（−3.13）	（0.66）
Age	−0.938***	−0.037
	（−6.49）	（−0.31）
Board	0.133	−0.053
	（0.73）	（−0.35）
Indep	0.519	−0.121
	（1.07）	（−0.31）

变量名	ΔROA	$BHAR$
Dual	-0.051	0.006
	(-0.75)	(0.10)
OC	-0.001	0.201^{*}
	(-0.01)	(1.83)
GDP	-0.045^{**}	-0.063^{***}
	(-2.44)	(-4.10)
Constant	1.144	5.314^{***}
	(1.00)	(5.64)
Year	Yes	Yes
Firm	Yes	Yes
Observations	2 518	2 518
R-squared	0.282	0.104

注：***、**、*分别表示1%、5%和10%的显著性水平，括号内为T值。

4.4.5 替换被解释变量

在研究企业并购绩效的相关文献中，关于企业并购绩效水平的度量有多种方式。在基准回归模型中，本书采用企业并购经营绩效（ΔROA）和企业并购市场绩效（$BHAR$）来刻画企业的并购绩效水平。为了增强本书研究结论的稳健性，缓解可能存在的测量误差问题，本书参考逯东等（2019）、马勇等（2022）的做法，用其他财务及市场指标来重新衡量企业并购绩效，对模型（4.1）进行重新检验。具体地，本书以并购前后两年的净资产收益率（ΔROE）和托宾Q值（$\Delta Tobin's Q$）来度量企业并购经营绩效和企业并购市场绩效，两个指标的计算步骤与前文模型（4.1）中的计算步骤相同。

表 4-12 列示了替换被解释变量后的检验结果，第（1）列和第（2）列的被解释变量分别为 ΔROE 和 $\Delta TobinQ$。由表 4-12 可知，在改变了被解释变量的衡量方式后，解释变量国有资本授权经营（DID）的系数仍然显著为正。可见，替换被解释变量的衡量方式并不会导致解释变量国有资本授权经营（DID）的系数和符号发生实质性变化，本书的研究结论仍然保持不变。

表 4-12　　稳健性检验：替换被解释变量后的检验结果

变量名	（1）	（2）
	ΔROE	$\Delta TobinQ$
DID	0.181**	0.223**
	(2.32)	(2.51)
Scale	−0.001	−0.001
	(−0.47)	(−0.20)
Size	0.011	0.020
	(0.21)	(0.33)
Lev	0.285	0.339
	(1.32)	(1.37)
Roa	−2.831***	−3.245***
	(−4.75)	(−4.78)
CashFlow	0.497*	0.434
	(1.65)	(1.26)
Growth	−0.141***	−0.130**
	(−3.17)	(−2.56)
Age	−0.980***	−1.166***
	(−6.00)	(−6.26)

变量名	（1）	（2）
	ΔROE	$\Delta TobinQ$
Board	0.325	0.199
	（1.58）	（0.85）
Indep	0.636	0.443
	（1.17）	（0.71）
Dual	−0.045	−0.043
	（−0.60）	（−0.50）
OC	0.068	0.037
	（0.45）	（0.21）
GDP	−0.055***	−0.056**
	（−2.62）	（−2.33）
Constant	1.153	1.754
	（0.89）	（1.18）
Year	Yes	Yes
Firm	Yes	Yes
Observations	2 577	2 577
R-squared	0.246	0.240

注：***、**、*分别表示1%、5%和10%的显著性水平，括号内为T值。

4.4.6 排除混合所有制改革的影响

已有研究发现，上市公司层面的混合所有制改革通过引入非国有股东参与治理能够促进国有企业并购绩效的提升（逯东等，2019；胡建雄，2021；马勇等，2022），即国有企业并购绩效的提升有可能是受到上市公司层面混合所有制改革的影响，而非国有资本授权经营的作用。为排除这一干扰因素，提升本书研究结论的可靠性，本书引入混合所有制改革程度的衡量指标（Mix），即前十大非国有股东持股比例与国有股东持股比例的比值，将其作为控制变量，加入到基准模型（4.1）中，进行重新回归。

表4-13列示了排除混合所有制改革影响后的检验结果，表中第（1）列和第（2）列的被解释变量分别为企业并购经营绩效（ΔROA）和企业并购市场绩效（$BHAR$）。由表4-13可知，在加入混合所有制改革程度指标后，国有资本授权经营（DID）的系数仍然显著为正，本书的研究结论仍然保持不变。

表4-13　稳健性检验：排除混合所有制改革影响后的检验结果

变量名	（1）	（2）
	ΔROA	$BHAR$
DID	0.142**	0.153***
	(2.07)	(2.71)
$Scale$	−0.002	0.001
	(−0.69)	(0.36)
$Size$	0.008	−0.247***
	(0.18)	(−6.39)
Lev	0.235	0.720***
	(1.23)	(4.59)
Roa	−2.637***	−0.136
	(−5.02)	(−0.31)

变量名	（1）	（2）
	ΔROA	BHAR
CashFlow	0.476*	0.104
	（1.80）	（0.48）
Growth	−0.112***	0.027
	（−2.85）	（0.84）
Age	−0.907***	−0.025
	（−6.20）	（−0.21）
Board	0.159	−0.046
	（0.88）	（−0.31）
Indep	0.506	−0.174
	（1.06）	（−0.44）
Dual	−0.061	−0.005
	（−0.90）	（−0.09）
OC	0.040	0.224**
	（0.30）	（2.04）
GDP	−0.044**	−0.067***
	（−2.39）	（−4.40）
Mix	−0.000	−0.000
	（−0.14）	（−1.13）
Constant	1.456	5.519***
	（1.27）	（5.86）

变量名	（1）	（2）
	ΔROA	$BHAR$
$Year$	Yes	Yes
$Firm$	Yes	Yes
$Observations$	2 577	2 577
$R\text{-}squared$	0.276	0.103

注：***、**、*分别表示1%、5%和10%的显著性水平，括号内为T值。

4.5　进一步研究与分析

4.5.1　国有资本授权经营试点力度的影响

通常实际控制人对上市公司的控制权越大，上市公司受到试点改革的影响越大，为了进一步考察国有资本授权经营试点力度的影响，本书参考肖土盛和孙瑞琦（2021）的做法，重新构造$Treat^{Share}\times Post$变量，用以刻画国有资本授权经营试点力度对国有企业并购绩效的影响。当样本公司的实际控制人被纳入国有资本授权经营试点时，$Treat^{Share}$等于实际控制人对样本公司的持股比例，否则取值为0。$Post$是前文变量定义部分介绍的时间虚拟变量。$Treat^{Share}\times Post$的值越大，代表国有资本授权经营试点力度越大。由此，本书构建如下模型（4.4）：

$$M\&APerformance_{i,t} = \gamma_0 + \gamma_1 Treat^{Share} \times Post_{i,t} + \gamma_2 Treat \times Share_{i,t} +$$
$$\gamma_3 Controls_{i,t} + \delta_i + \lambda_t + \varepsilon_{i,t} \tag{4.4}$$

表4-14列示了国有资本授权经营试点力度对国有企业并购绩效

的影响结果，表中第（1）列和第（2）列的被解释变量分别为企业并购经营绩效（ΔROA）和企业并购市场绩效（$BHAR$）。由表4-14可知，国有资本授权经营试点力度（$Treat^{Share} \times Post$）的回归系数在1%水平上显著为正，表明随着实际控制人对上市公司持股比例的增加，上市公司受到国有资本授权经营试点力度的影响越大，对国有企业并购绩效的提升作用就越大。

表4-14　　　　　国有资本授权经营试点力度的影响结果

变量名	（1）	（2）
	ΔROA	$BHAR$
$Treat^{share} \times Post$	0.004***	0.004***
	(2.75)	(3.50)
$Treat \times Share$	−0.003	−0.001
	(−0.58)	(−0.13)
$Scale$	−0.001	0.001
	(−0.59)	(0.43)
$Size$	0.014	−0.251***
	(0.30)	(−6.56)
Lev	0.207	0.722***
	(1.09)	(4.66)
Roa	−2.656***	−0.177
	(−5.12)	(−0.41)
$CashFlow$	0.479*	0.113
	(1.83)	(0.53)
$Growth$	−0.112***	0.027
	(−2.88)	(0.85)

变量名	(1)	(2)
	ΔROA	$BHAR$
Age	−0.917***	−0.016
	(−6.43)	(−0.14)
Board	0.149	−0.047
	(0.83)	(−0.32)
Indep	0.005	−0.002
	(1.04)	(−0.44)
Dual	−0.050	0.001
	(−0.76)	(0.02)
OC	0.034	0.224**
	(0.26)	(2.07)
GDP	−4.358**	−6.285***
	(−2.40)	(−4.22)
Constant	1.424	5.569***
	(1.26)	(5.99)
Year	Yes	Yes
Firm	Yes	Yes
Observations	2 577	2 577
R-squared	0.279	0.107

注：***、**、*分别表示1%、5%和10%的显著性水平，括号内为T值。

4.5.2 国资监管职能转变程度的影响

根据前文分析，政府干预是造成国有企业并购绩效低下的重要因素，国有资本授权经营本质上是通过建立国有资本投资、运营公司，促进政企分离，降低政府对企业的干预程度，从而提升国有企业并购绩效。在国有企业中，金字塔股权结构是放松政府管制和降低政府干预的有效机制（Fan et al.，2013），金字塔层级数越多，代表政府对企业的干预越弱，反之则越强（Fan et al.，2013，卜君和孙光国，2021）。因此，在国有资本授权经营之前国资监管机构与国有企业之间的金字塔层级越少，表明国有资本授权经营带来的国资监管职能转变程度越大，相应的改革效果更为明显。

为了考察国资监管职能转变的程度是否会影响国有资本授权经营对国有企业并购绩效的效果，本书参考綦好东等（2022）、綦好东等（2023）的做法，重新构建了能够进一步衡量国资监管职能转变程度的国有资本授权经营试点变量（*Reform*）。*Reform* 的具体度量方式如下：对于实验组样本，如果样本公司的实际控制人被纳入国有资本投资、运营公司改革试点范围之前，国资监管机构与样本公司之间的金字塔层级为 1 层，即国有资本授权经营前，国资监管机构直接控股样本公司，此时当年及以后年度的 *Reform* 取值为 3，以前年度的 *Reform* 则取值为 0；如果样本公司的实际控制人被纳入国有资本投资、运营公司改革试点范围之前，国资监管机构与样本公司之间的金字塔层级为 2 层，此时当年及以后年度的 *Reform* 取值为 2，以前年度的 *Reform* 则取值为 0；如果样本公司的实际控制人被纳入国有资本投资、运营公司改革试点范围之前，国资监管机构与样本公司之间的金字塔层级多于 2 层，此时当年及以后年度的 *Reform* 取值为 1，以前年度的 *Reform* 则取值为 0。而对于对照组样本，*Reform* 则取值为 0。总体来看，*Reform* 的值越大，代表国资监管机构与国有企业之间的金字塔层级越少，国有资本授权经营带来的国资监管职能转变的程度就越大。由此，本书构建以 *Reform* 作为新的解释变量的回归模型（4.5）：

$$M\&APerformance_{i,t} = \alpha_0 + \alpha_1 Reform_{i,t} + \alpha_2 Controls_{i,t} + \delta_i + \lambda_t + \varepsilon_{i,t} \quad (4.5)$$

表4-15列示了国资监管职能转变程度对国有企业并购绩效的影响结果，表中第（1）列和第（2）列的被解释变量分别为企业并购经营绩效（ΔROA）和企业并购市场绩效（$BHAR$）。从第（1）列采用ΔROA衡量企业绩效的结果来看，$Reform$的系数为0.067，且在1%水平上显著为正，表明国资监管职能转变程度越大，对企业并购经营绩效的提升作用就越大。从第（2）列采用$BHAR$衡量企业绩效的结果来看，与第（1）列结果类似，$Reform$的系数为0.064，且在5%水平上显著为正，表明国资监管职能转变程度越大，对企业并购市场绩效的提升作用就越大。总体结果表明，国资监管职能转变程度越大，相应地对国有企业并购绩效的提升作用就越大。

表4-15　　　　　　国资监管职能转变程度的影响结果

变量名	(1)	(2)
	ΔROA	$BHAR$
Reform	0.067***	0.064**
	(3.16)	(2.45)
Scale	0.001	−0.001
	(0.39)	(−0.64)
Size	−0.250***	0.013
	(−6.57)	(0.27)
Lev	0.717***	0.206
	(4.63)	(1.09)
Roa	−0.195	−2.676***
	(−0.46)	(−5.15)

变量名	（1）ΔROA	（2）$BHAR$
CashFlow	0.118	0.479*
	(0.55)	(1.83)
Growth	0.027	−0.112***
	(0.84)	(−2.90)
Age	−0.012	−0.909***
	(−0.11)	(−6.39)
Board	−0.034	0.164
	(−0.23)	(0.91)
Indep	−0.002	0.005
	(−0.42)	(1.06)
Dual	0.004	−0.047
	(0.08)	(−0.72)
OC	0.223**	0.033
	(2.06)	(0.25)
GDP	−6.259***	−4.289**
	(−4.20)	(−2.36)
Constant	5.521***	1.368
	(5.93)	(1.21)
Year	Yes	Yes
Firm	Yes	Yes
Observations	2 577	2 577
R-squared	0.106	0.279

注：***、**、*分别表示1%、5%和10%的显著性水平，括号内为T值。

4.5.3　两类公司功能定位的影响

改组组建国有资本投资、运营公司是国有资本授权经营的核心举措，那么二者之间谁能够最直接地影响国有企业并购绩效，还是二者皆有？这需要结合国有资本投资、运营公司的功能定位来进一步分析。根据《国务院关于推进国有资本投资、运营公司改革试点的实施意见》（国发〔2018〕23号）的内容，国有资本投资公司的功能定位主要是"以服务国家战略、优化国有资本布局、提升产业竞争力为目标……通过开展投资融资、产业培育和资本运作等，发挥投资引导和结构调整作用，推动产业集聚、化解过剩产能和转型升级……"，而国有资本运营公司的功能定位则是"以提升国有资本运营效率、提高国有资本回报为目标……盘活国有资产存量，引导和带动社会资本共同发展，实现国有资本合理流动和保值增值"。通过对比两类公司的功能定位，发现国有资本运营公司更关注于并购后的资源整合以及协同效应的实现，从而更能对国有企业并购绩效产生影响。

为了考察是国有资本投资公司还是国有资本运营公司能够影响国有企业并购绩效，本书参考杨兴全等（2022）的做法，创建公司类别变量（$Type$），当样本公司的实际控制人是国有资本投资公司时，$Type$取值为1；当样本公司的实际控制人是国有资本运营公司时，$Type$取值为0。由此，本书构建如下模型（4.6）：

$$M\&APerformance_{i,t} = \beta_0 + \beta_1 DID_{i,t} + \beta_2 DID \times Type_{i,t} + \beta_3 Controls_{i,t} +$$
$$\delta_i + \lambda_t + \varepsilon_{i,t} \tag{4.6}$$

表4-16列示了两类公司功能定位的影响结果，表中第（1）列和第（2）列的被解释变量分别为企业并购经营绩效（ΔROA）和企业并购市场绩效（$BHAR$）。由表4-16可知，被解释变量为企业并购经营绩效（ΔROA）和企业并购市场绩效（$BHAR$）时，$DID \times Type$的系数

均不显著，说明两类公司下属的上市公司的并购绩效对国有资本授权经营的反应没有表现出明显的差异。这可能是因为两类公司下属的上市公司的样本比较少，不能很好地显示出两类公司功能定位的治理效果差异，也可能是因为国有资本授权经营对国有企业并购绩效的良性治理作用，即主要依靠授权、放权发挥作用，而授权、放权并不会因两类公司的功能定位而产生实质性差异，所以两类公司的功能定位并没有对国有资本授权经营与国有企业并购绩效的关系起到明显的调节作用。

表4-16　　　　　　　　两类公司功能定位的影响结果

变量名	（1）	（2）
	ΔROA	$BHAR$
DID	0.152**	0.152**
	（2.57）	（2.12）
DID×Type	−0.006	−0.094
	（−0.04）	（−0.53）
Scale	0.001	−0.001
	（0.40）	（−0.63）
Size	−0.250***	0.013
	（−6.55）	（0.27）
Lev	0.725***	0.214
	（4.68）	（1.13）
Roa	−0.178	−2.659***
	（−0.42）	（−5.12）
CashFlow	0.116	0.473*
	（0.54）	（1.80）

变量名	（1）	（2）
	ΔROA	$BHAR$
Growth	0.026	−0.112***
	(0.83)	(−2.89)
Age	−0.011	−0.907***
	(−0.09)	(−6.37)
Board	−0.030	0.173
	(−0.20)	(0.96)
Indep	−0.002	0.005
	(−0.41)	(1.07)
Dual	0.002	−0.048
	(0.04)	(−0.73)
OC	0.225**	0.037
	(2.07)	(0.28)
GDP	−6.337***	−4.414**
	(−4.24)	(−2.42)
Constant	5.487***	1.335
	(5.89)	(1.18)
Year	Yes	Yes
Firm	Yes	Yes
Observations	2 577	2 577
R-squared	0.104	0.278

注：***、**、*分别表示1%、5%和10%的显著性水平，括号内为 T 值。

4.5.4 基于企业所属层级的分组回归结果

前文表明，国有资本授权经营可以通过降低政府干预和缓解管理层机会主义行为来缓解政策性负担和管理层自利对国有企业并购绩效的不良影响。然而，这种治理效果可能会受到国有企业所属层级的影响。国有企业因所属的层级不同，其受政府干预程度和公司治理情况也不尽相同。中央国有企业因所属层级较高，受到的内外部监管远高于地方国有企业，能够在一定程度上约束管理层的机会主义行为，而且中央国有企业较少地受到地方政府的干预，因此国有资本授权经营通过降低政府干预和缓解管理层机会主义行为对其并购绩效产生的影响应当较弱；而地方国有企业相比中央国有企业受到的监督较少，管理层机会主义行为问题可能更为严重，而且地方国有企业会更多地受到地方政府的干预，国有资本授权经营的治理空间更大，因此国有资本授权经营通过降低政府干预和缓解管理层机会主义行对其并购绩效产生的影响应当更强。鉴于此，本书认为国有资本授权经营对国有企业并购绩效的提升作用在地方国有企业中更为显著。

为了进一步考察国有企业所属层级的异质性影响，本书根据实际控制人所属的层级，将样本划分为中央国有企业和地方国有企业两组，并对模型（4.1）进行分组回归，回归结果见表4-17。表4-17中第（1）列和第（3）列的被解释变量为企业并购经营绩效（ΔROA），第（2）列和第（4）列的被解释变量为企业并购市场绩效（$BHAR$）。表4-17中第（1）列和第（2）列的结果显示，在中央国有企业样本组中，国有资本授权经营（DID）的系数为正，但不显著。而在第（3）列和第（4）列地方国有企业样本组中，国有资本授权经营（DID）的系数显著为正。上述回归结果表明，相比于中央国有企业，国有资本授权经营对地方国有企业并购绩效的治理作用更为显著。

表 4-17　　　　基于国有企业所属层级的分组回归结果

变量名	中央国有企业		地方国有企业	
	（1）	（2）	（3）	（4）
	ΔROA	BHAR	ΔROA	BHAR
DID	0.114	0.095	0.141*	0.172**
	（0.78）	（0.89）	（1.76）	（2.45）
Scale	0.000	0.005	−0.002	−0.001
	（0.09）	（1.23）	（−0.83）	（−0.32）
Size	0.087	−0.232***	−0.002	−0.254***
	（0.85）	（−3.07）	（−0.03）	（−5.55）
Lev	−0.299	0.324	0.446**	0.921***
	（−0.70）	（1.03）	（2.14）	（5.01）
Roa	−1.571	−1.083	−3.076***	−0.304
	（−1.24）	（−1.16）	（−5.40）	（−0.61）
CashFlow	0.619	0.341	0.465*	0.123
	（1.01）	（0.76）	（1.65）	（0.49）
Growth	−0.294***	0.017	−0.045	0.027
	（−3.19）	（0.25）	（−1.09）	（0.74）
Age	−1.778***	−0.147	−0.596***	0.048
	（−5.46）	（−0.61）	（−3.77）	（0.35）
Board	−0.080	0.305	0.240	−0.165
	（−0.19）	（0.98）	（1.25）	（−0.97）
Indep	0.429	−0.186	0.544	−0.236
	（0.40）	（−0.23）	（1.06）	（−0.52）

变量名	中央国有企业		地方国有企业	
	（1）	（2）	（3）	（4）
	ΔROA	$BHAR$	ΔROA	$BHAR$
Dual	−0.276	0.091	0.007	−0.010
	(−1.34)	(0.60)	(0.11)	(−0.16)
OC	0.308	0.499**	−0.084	0.102
	(0.97)	(2.14)	(−0.59)	(0.81)
GDP	0.018	−0.057**	−0.070***	−0.074***
	(0.51)	(−2.15)	(−3.15)	(−3.79)
Constant	2.000	4.773***	0.815	5.772***
	(0.82)	(2.66)	(0.63)	(5.11)
Year	Yes	Yes	Yes	Yes
Firm	Yes	Yes	Yes	Yes
Observations	784	784	1 793	1 793
R-squared	0.276	0.140	0.315	0.111

注：***、**、*分别表示1%、5%和10%的显著性水平，括号内为*T*值。

4.5.5 基于行业性质的分组回归结果

前文表明，国有资本授权经营通过授权、放权来降低政府干预对国有企业并购绩效的不利影响。然而，国有企业所属的行业不同，政府对其放权意愿也不尽相同，进而可能会影响国有资本授权经营治理作用的有效发挥。按照行业性质分类，可以将国有企业分为垄断性国有企业和竞争性国有企业两类。垄断性国有企业通常是政府管制作用下的产物，大多聚集在石油、电力、军工、航空、铁路等领域，这些行业都是事关国家安全、国民民生和国家经济发展的重要行业，政府对垄断性国有企业的放权意愿较小，进而不利于国有资本授权经营对其并购绩效治理作用的有效发挥。此外，垄断性国有企业的主要经营目标是更好地服务于民生、社会和国家安全，其并购交易往往基于政策性因素考虑，国有资本授权经营难以发挥作用。而竞争性国有企业的经营则更加市场化，经营目标聚焦于企业价值的最大化，政府对竞争性国有企业的放权意愿较大，有利于国有资本授权经营发挥治理作用。因此，我们可以合理推断在竞争性国有企业中国有资本授权经营对国有企业并购绩效的提升作用更为显著。

为了进一步考察行业性质的异质性影响，本书参考岳希明等（2010）的做法，结合中国证监会2012年版行业分类，将石油和天然气开采业，烟草制品业，石油加工、炼焦及核燃料加工业，电力、燃气及水的生产和供应业，铁路运输业，水上及航空运输业，邮政业，以及电信和其他信息运输服务业设定为垄断行业，其他行业设定为竞争行业，然后对模型（4.1）进行分组回归。

表4-18列示了基于行业性质的分组回归结果，表中第（1）列和第（2）列报告了竞争性国有企业的回归结果，第（3）列和第（4）列则报告了垄断性国有企业的回归结果。表4-18中第（1）列和第（3）列的被解释变量为企业并购经营绩效（ΔROA），第（2）列和第（4）列的被解释变量为企业并购市场绩效（$BHAR$）。表4-18中第（1）列和第（2）列的结果显示，在竞争性国有企业样本组中，国有资本授权经营（DID）的系数均显著为正；而在第（3）列和第（4）列垄断性国有企业样本组中，国有资本授权经营（DID）的系数则均不显著。上述回归结果表明，相比于垄断性国有企业，国有资本授权经营对竞争性国有企业并购绩效的治理作用更为显著。

表4-18   基于行业性质的分组回归结果

变量名	竞争性国有企业		垄断性国有企业	
	（1）	（2）	（3）	（4）
	ΔROA	$BHAR$	ΔROA	$BHAR$
DID	0.220**	0.171***	0.090	−0.057
	(2.57)	(2.68)	(0.80)	(−0.49)
Scale	0.001	0.000	−0.001	0.002
	(0.49)	(0.23)	(−0.35)	(0.53)
Size	0.041	−0.235***	0.026	−0.387***
	(0.70)	(−5.50)	(0.26)	(−3.63)
Lev	0.185	0.723***	−0.460	0.885**
	(0.77)	(4.23)	(−1.15)	(2.13)
Roa	−3.614***	−0.242	−2.216**	0.199
	(−5.51)	(−0.51)	(−2.23)	(0.19)
CashFlow	0.311	0.087	1.290*	0.621
	(0.94)	(0.37)	(1.93)	(0.90)
Growth	−0.181***	0.043	−0.181**	−0.045
	(−3.65)	(1.22)	(−2.50)	(−0.60)
Age	−0.440***	0.065	−0.653**	−0.510*
	(−3.07)	(0.49)	(−2.59)	(−1.95)
Board	0.215	−0.086	0.028	−0.087
	(0.91)	(−0.51)	(0.09)	(−0.28)
Indep	0.438	−0.187	0.390	−0.345
	(0.71)	(−0.43)	(0.46)	(−0.39)

变量名	竞争性国有企业		垄断性国有企业	
	（1）	（2）	（3）	（4）
	ΔROA	$BHAR$	ΔROA	$BHAR$
Dual	−0.111	0.031	0.079	−0.088
	（−1.31）	（0.51）	（0.62）	（−0.67）
OC	−0.048	0.310**	0.198	−0.162
	（−0.28）	（2.55）	（0.81）	（−0.64）
GDP	0.013	−0.065***	−0.009	−0.056*
	（0.73）	（−3.76）	（−0.31）	（−1.87）
Constant	−0.577	5.065***	0.864	10.135***
	（−0.44）	（4.90）	（0.35）	（3.91）
Year	Yes	Yes	Yes	Yes
Firm	Yes	Yes	Yes	Yes
Observations	2 204	2 204	373	373
R−squared	0.293	0.092	0.307	0.290

注：***、**、*分别表示1%、5%和10%的显著性水平，括号内为 *T* 值。

4.5.6　基于管理层权力的分组回归结果

根据前文对国有资本授权经营相关政策的梳理，可以发现授权、放权是国有资本授权经营的核心举措，贯穿于国有资本授权经营的全过程。国有资本授权经营也是通过授权、放权来降低对国有企业的政府干预以及加强对国有企业的监管。值得注意的是，授权、放权在带来上述优点的同时，也会造成管理层权力的扩大。根据代理理论，随着管理层权力的扩大，管理层寻租的可能性增加，从而可能出于私利考虑作出一些不利于企业发展的决策（Jensen and Meckling，1976；Finkelstin，1992；Yermack，2006）。已有研究证实管理层权力越大，为了自身利益进行并购的可能性越强烈，不利于企业并购绩效（Grinstein and Hribar，2004；李善民等，2009；初春虹等，2016）。国有企业因所有者缺位以及内部人控制等问题缺乏有效的监督，拥有较大权力的管理层可以利用其在企业内部的权威影响企业决策（周绍妮等，2019）。因此，国有资本授权经营对国有企业并购绩效的提升作用可能会受到管理层权力大小的影响，企业管理层权力过大会削弱国有资本授权经营的治理效果，对国有企业并购绩效造成负面影响。基于以上分析，本书认为国有资本授权经营对国有企业并购绩效的提升作用在管理层权力较小的国有企业中更为显著。

为了进一步考察管理层权力的异质性影响，本书参考郭宏等（2020）的做法，从控制权结构和所有权结构两个方面来构建管理层权力指标。控制权结构衡量的是职位权力的空间维度，考察总经理是否兼任董事长或董事，兼任能够增强总经理对企业的实际控制权。具体来说，当管理层兼任董事长时，管理层权力最大，赋值为3；当管理层兼任董事时，管理层权力次之，赋值为2；当管理层不兼任董事长或董事时，管理层权力最小，赋值为1。所有权结构衡量的是股权集中度，由第一大股东持股比例与第二大到第十大股东持股比例之差来衡量，反映了所有权分布对管理层的制衡力，股权集中度越低，管理层权力就越大。将控制权结构和所有权结构指标进行标准化处理后相加，即为最终的管理层权力指标。随后按照管理层权力中位数将样本分为管理层权力大和管理层权力小两组样本，并对模型（4.1）进行分组回归。

表4-19列示了基于管理层权力的分组回归结果，表中第（1）列和第（2）列报告了管理层权力大的国有企业的回归结果，

第（3）列和第（4）列则报告了管理层权力小的国有企业的回归结果。表4-19中第（1）列和第（3）列的被解释变量为企业并购经营绩效（ΔROA），第（2）列和第（4）列的被解释变量为企业并购市场绩效（$BHAR$）。表4-19中第（1）列和第（2）列的结果显示，在管理层权力大的国有企业样本组中，国有资本授权经营（DID）的系数均不显著；而在第（3）列和第（4）列管理层权力小的国有企业样本组中，国有资本授权经营（DID）的系数均显著为正。上述回归结果表明，相比于管理层权力大的国有企业，国有资本授权经营对管理层权力小的国有企业并购绩效的治理作用更为显著。

表4-19　　　　　基于管理层权力的分组回归结果

变量名	管理层权力大		管理层权力小	
	（1）	（2）	（3）	（4）
	ΔROA	$BHAR$	ΔROA	$BHAR$
DID	0.043	−0.039	0.244**	0.394***
	(0.40)	(−0.45)	(2.12)	(4.13)
$Scale$	0.001	0.001	−0.002	0.002
	(0.28)	(0.21)	(−0.48)	(0.77)
$Size$	−0.064	−0.258***	−0.076	−0.390***
	(−0.95)	(−4.60)	(−0.81)	(−5.00)
Lev	0.296	0.778***	0.040	0.707**
	(1.05)	(3.36)	(0.11)	(2.39)
Roa	−1.646**	1.094*	−2.462***	−0.720
	(−2.06)	(1.66)	(−2.87)	(−1.01)
$CashFlow$	0.262	0.058	0.628	0.111
	(0.70)	(0.19)	(1.43)	(0.30)

变量名	管理层权力大		管理层权力小	
	（1）	（2）	（3）	（4）
	ΔROA	$BHAR$	ΔROA	$BHAR$
Growth	−0.186***	0.011	−0.021	0.013
	（−3.36）	（0.24）	（−0.31）	（0.24）
Age	−0.860***	−0.074	−1.017***	0.228
	（−4.08）	（−0.43）	（−4.07）	（1.10）
Board	0.026	−0.253	0.088	0.037
	（0.09）	（−1.13）	（0.28）	（0.14）
Indep	0.401	−0.174	0.058	−0.635
	（0.55）	（−0.29）	（0.07）	（−0.93）
Dual	−0.068	0.005	0.215	−0.268
	（−0.84）	（0.08）	（0.36）	（−0.54）
OC	−0.005	0.154	−0.210	0.193
	（−0.03）	（0.97）	（−0.92）	（1.03）
GDP	−0.040	−0.095***	−0.051	−0.031
	（−1.37）	（−3.93）	（−1.62）	（−1.19）
Constant	3.165*	6.411***	4.265*	8.038***
	（1.89）	（4.65）	（1.96）	（4.45）
Year	Yes	Yes	Yes	Yes
Firm	Yes	Yes	Yes	Yes
Observations	1 386	1 386	1 191	1 191
R-squared	0.294	0.145	0.279	0.130

注：***、**、*分别表示1%、5%和10%的显著性水平，括号内为T值。

4.5.7 基于外部制度环境的分组回归结果

国有企业因所处的外部制度环境不同，其受政府干预程度和公司治理情况也不尽相同，这可能会影响国有资本授权经营的治理效果。在外部制度环境较好的地区，当地的市场化水平较高，竞争程度也更为激烈，国有资本投资、运营公司作为政府的人格化积极股东代表，更为激烈的市场竞争能够促进其对管理层的约束与激励，管理层也会以企业价值最大化为目标，国有资本授权经营的实施效应当更好。相对而言，在外部制度环境较差的地区，当地的市场化水平较低，竞争程度也较为缓和，国有资本授权经营的需求相对较低，甚至可能存在一些固有的壁垒，国有资本授权经营的推进过程缓慢（王治和黄文敏，2022）。由此，本书可以合理预期，国有资本授权经营对国有企业并购绩效的提升作用在外部制度环境较好的国有企业中更为显著。

为了进一步考察外部制度环境的异质性影响，本书参考王小鲁等（2019）的研究，以各省份的市场化指数来衡量样本国有企业所处地区的外部制度环境。按照市场化指数的中位数将样本分为外部制度环境较好和外部制度环境较差两组样本，并对模型（4.1）进行分组回归。

表4-20列示了基于外部制度环境的分组回归结果，表中第（1）列和第（2）列报告了市场化程度高、外部制度环境较好的国有企业的回归结果，第（3）列和第（4）列则报告了市场化程度低、外部制度环境较差的国有企业的回归结果。表4-20中第（1）列和第（3）列的被解释变量为企业并购经营绩效（ΔROA），第（2）列和第（4）列的被解释变量为企业并购市场绩效（$BHAR$）。表4-20中第（1）列和第（2）列的结果显示，在市场化程度高、外部制度环境较好的国有企业样本组中，国有资本授权经营（DID）的系数

均显著为正；而在第（3）列和第（4）列市场化程度低、外部制度环境较差的国有企业样本组中，国有资本授权经营（*DID*）的系数均不显著。上述回归结果表明，相比于外部制度环境较差的国有企业，国有资本授权经营对外部制度环境较好的国有企业并购绩效的治理作用更为显著。

表4-20　　　　　　　　基于外部制度环境的分组回归结果

变量名	外部制度环境较好		外部制度环境较差	
	（1）	（2）	（3）	（4）
	ΔROA	*BHAR*	*ΔROA*	*BHAR*
DID	0.243**	0.193**	0.094	0.148
	（2.28）	（2.42）	（0.94）	（1.47）
Scale	0.003	0.003	−0.003	0.001
	（0.88）	（1.11）	（−0.91）	（0.38）
Size	0.006	−0.271***	−0.058	−0.327***
	（0.08）	（−4.94）	（−0.85）	（−5.11）
Lev	0.458	0.942***	0.142	0.556**
	（1.52）	（4.17）	（0.52）	（2.35）
Roa	−2.463***	−0.668	−2.222***	0.623
	（−2.99）	（−1.08）	（−2.92）	（1.03）
CashFlow	0.293	0.193	0.164	0.255
	（0.76）	（0.67）	（0.38）	（0.73）
Growth	−0.151**	0.005	−0.111*	0.067
	（−2.49）	（0.11）	（−1.90）	（1.52）
Age	−0.721***	0.216	−1.015***	−0.148
	（−4.01）	（1.60）	（−4.44）	（−0.72）

变量名	外部制度环境较好		外部制度环境较差	
	（1）	（2）	（3）	（4）
	ΔROA	$BHAR$	ΔROA	$BHAR$
Board	−0.435	−0.440**	0.775***	0.346
	(−1.49)	(−2.00)	(2.96)	(1.19)
Indep	−0.497	−0.667	0.891	0.255
	(−0.62)	(−1.12)	(1.31)	(0.40)
Dual	−0.158	−0.018	0.003	−0.072
	(−1.63)	(−0.25)	(0.03)	(−0.57)
OC	−0.250	0.313**	0.188	−0.029
	(−1.22)	(2.03)	(0.91)	(−0.17)
GDP	0.032	−0.024	−0.161**	−0.056
	(1.50)	(−1.51)	(−2.18)	(−0.57)
Constant	2.474	6.382***	1.774	6.560***
	(1.40)	(4.80)	(1.12)	(4.20)
Year	Yes	Yes	Yes	Yes
Firm	Yes	Yes	Yes	Yes
Observations	1 373	1 373	1 204	1 204
R-squared	0.276	0.144	0.310	0.121

注：***、**、*分别表示1%、5%和10%的显著性水平，括号内为 T 值。

4.6 本章小结

国有资本授权经营作为党的十八大以来的国资国企改革的重大举措，其执行效果备受理论界和实务界的关注，对国有资本授权经营效果的实证检验近年来也逐渐兴起，但是现有文献并没有关注国有资本授权经营对国有企业并购绩效的影响。本章以国有上市公司的并购交易事件作为研究对象，利用准自然实验的方法，实证考察了国有资本授权经营对国有企业并购绩效的影响。具体来说，本章主要进行了以下研究：首先，考察了国有资本授权经营对国有企业并购绩效的影响效果；其次，从国有资本授权经营试点力度、国资监管职能转变程度和两类公司功能定位的角度，对国有资本授权经营与国有企业并购绩效的关系进行了进一步探究；最后，考察了在不同的企业所属层级、行业性质、管理层权力大小和外部制度环境下，国有资本授权经营对国有企业并购绩效影响的差异。

本章基于国有资本授权经营这一准自然实验，以国有上市公司并购交易事件作为研究对象，采用多时点DID方法，实证检验了国有资本授权经营对国有企业并购绩效的影响，获得以下发现：

第一，国有资本授权经营能够促进政企分离，削弱政府干预，将经营自主权归还给企业，激发企业活力，还能够实现所有者到位，通过内部治理和外部监管双管齐下，有效约束管理层的机会主义行为，从而减轻政府干预和管理层机会主义行为对国有企业并购绩效的不良影响，最终实现并购绩效的提升效果。

第二，国有资本授权经营试点力度越大，对国有企业并购绩效的提升作用就越大。国资监管职能转变程度越大，对国有企业并购绩效的提升作用越大。国有资本投资、运营公司的并购绩效对国有资本授权经营的反应并没有表现出明显的差异。这可能是因为两类公司下属的上市公司的样本比较少，不能很好地显示出两类公司功能定位的治理效果差异，也可能是因为国有资本授权经营对国有企业并购绩效的良性治理作用，主要是依靠授权、放权发挥作用，而授权、放权并不会因两类公司的功能定位而产生实质性差异，所以两类公司的功能定位并没有对国有资本授权经营与国有企业并购绩效的关系起到明显的调节作用。

第三，基于企业所属层级、行业性质、管理层权力大小和外部制度环境的不同，考察了国有资本授权经营对国有企业并购绩效影响的差异。首先，按照企业所属层级可以将国有企业分为中央国有企业和地方国有企业，国有资本授权经营对国有企业并购绩效的影响在地方国有企业更为显著；其次，按照企业所属行业性质可以将国有企业分为垄断性国有企业和竞争性国有企业，国有资本授权经营对国有企业并购绩效的提升作用在竞争性国有企业中更为显著；再次，按照企业管理层权力的大小可以将国有企业分为管理层权力大的国有企业和管理层权力小的国有企业，国有资本授权经营对国有企业并购绩效的提升作用在管理层权力小的国有企业中更为显著；最后，国有资本授权经营对国有企业并购绩效的提升作用在外部制度环境较好的地区更为显著。

5

国有资本授权经营影响国有企业并购绩效的机制分析

第 4 章实证结果基本论证了国有资本授权经营能够提高国有企业并购绩效。那么，国有资本授权经营影响国有企业并购绩效的作用机制是什么？国有资本授权经营通过抑制政府干预和管理层机会主义行为，能否减少国有企业的无效并购、提升国有企业的并购整合能力，从而提升国有企业并购绩效？

为了回答上述问题，本章将从并购目标选择和并购整合能力两个视角出发，对国有资本授权经营影响国有企业并购绩效的作用机制展开深入分析。首先，本章在理论分析的基础上，从并购目标选择和并购整合能力两个视角出发，分析了国有资本授权经营影响国有企业并购绩效的作用机制，并据此提出研究假设。其次，以国有上市公司的并购交易事件作为研究对象，通过构建实证模型的方法，探究了国有资本授权经营是否以减少无效并购和提升并购整合能力来提升国有企业并购绩效，在此基础上，还进行了一系列稳健性检验来确保本章研究结论的可靠性。最后，考虑到政府干预和管理层机会主义行为可能引发国有企业在并购目标选择和资源整合阶段的不当行为，进一步探讨了国有资本授权经营对国有企业在面临政府干预和管理层机会主义行为时的影响，打开国有资本授权经营影响国有企业并购绩效的"黑箱"，厘清国有资本授权经营影响国有企业并购绩效的逻辑链条。

5.1 理论分析与研究假设

并购活动是一项复杂的管理过程，涉及多个环节和事项，从并购目标审慎的选择到并购后高效的合并与整合，都是影响并购成功与否的重要因素（Palepu，1986；逯东等，2019）。而并购绩效则反映了并购过程所带来的经济影响。现有研究发现，政府干预和管理层机会主义行为可能引发国有企业在并购目标选择和资源整合阶段的不当行为，从而损害最终的并购绩效（逯东等，2019；何瑛等，2022；马勇等，2022）。因此，国有资本授权经营必然会通过降低政府干预和管理层机会主义行为在并购目标选择和资源整合阶段的不当行为，来提高国有企业并购绩效。鉴于此，本章的研究将具体细化为国有资本授权经营与并购目标选择、国有资本授权经营与并购整合能力两个问题。

5.1.1　国有资本授权经营与并购目标选择

国有资本授权经营对国有企业并购绩效的影响首先体现在对并购目标的选择上。决定是否并购以及并购目标的选择是企业在并购交易中面临的首要决策，这一决策是并购过程的起点，将对后续的并购绩效产生深远影响（Palepu，1986）。理论上企业在选择并购目标时需要选择与企业的产业链、关键资源和战略目标等存在互补性或者一致性的企业（杨道广等，2014），这意味着企业应当以其价值创造为核心，仔细考虑选择的并购目标是否能够有效支持和增进企业的整体战略愿景。但在实践中，企业并购可能会受到非经济因素的影响，如受制于体制因素，企业并购成为价值转移或者再分配的工具（张新，2003）。这种情况下，企业的并购交易可能与价值创造无关，甚至可能导致资源的低效使用。尤其是国有企业，在政府干预和管理层机会主义行为的双重作用下，更可能进行无效率的并购，从而损害了国有企业的并购绩效。

从政府干预的视角来看，一方面，国有企业普遍承担着保障社会稳定和促进地方经济发展的政策性负担，这些职责的承担可能会影响国有企业的经济决策。出于保障当地就业率和维护社会稳定等方面的考虑，地方政府有强烈的动机通过强制性的拉郎配式并购支持本地困难企业。然而，这种拉郎配式并购并未能考虑并购双方的产业链、关键资源和战略目标等是否存在互补性或者一致性，导致并购双方难以实现资源的优化，从而损害了国有企业的并购绩效（Rajan and Zingales，1998；Jackson，1999）。另一方面，企业并购带来的企业规模的扩大能够帮助地方政府官员完成政绩考核，有利于地方政府官员的晋升（潘红波等，2008）。一些政府官员可能会为了自身的政治晋升，不考虑并购目标的合理性，推动国有企业进行无效并购。然而，这种做法有可能会损害并购的协同效应，不利于国有企业的并购绩效。

从管理层机会主义行为视角来看，国有企业高管普遍具有"经理人+政府官员"双重身份，在"做强、做优、做大"理念的推动下，具有谋求政治晋升动机的国有企业高管呈现明显的规模导向（杨瑞龙等，2013）。为应对绩效考核和政治晋升的双重压力，同时因并购在促进企业快速增长方面具备一定的潜在优势（姜付秀等，2009），具有政治官员性质的国有企业管理层在面对企业成长压力时，具有强烈的动机进行频繁的并购（陈仕华等，2015）。然而，随之而来的问题是，为了实现企业规模的快速扩张，国有企业管理层的并购行为存在一定程度的盲目性，带有明显的机会主义色彩，这种无效率的并购不利于企业价值增长。

已有研究发现，在并购前选择合适的并购目标在很大程度上决定了企业的并购绩效水平（Palepu，1986）。通过上述分析，政府干预和管理层机会主义行为是造成并购目标选择偏差的重要影响因素，因此国有资本授权经营通过纠正国有企业在并购目标选择时的政府干预和管理层机会主义行为，来提升国有企业的并购绩效水平。一方面，国有资本授权经营通过改组组建国有资本投资、运营公司，以市场化手段管理国有企业，最大程度地削弱政府对企业经济决策的干预（卜君和孙光国，2021；陈艳利和姜艳峰，2021；杨兴全等，2022；綦好东等，2022；陈艳利和钱怀安，2023），此时国有企业并购目标的选择更多的是基于资源配置的效率角度来考虑，而非出于政府的政治目标的考虑，满足并购目标选择的审慎性要求，能够减少无效并购的发生。另一方面，国有资本授权经营通过法定授权方式将国有企业的出资人角色和责任授予国有资本投资、运营公司代为行使，明确国有企业的股东治理权由具有独立法人地位和经纪人特征的国有资本投资、运营公司来行使（朱炜等，2022），实现国有企业的所有者到位，基于股东积极主义理论，这种安排能够有效加强对国有企业的监督和约束（肖土盛和孙瑞琦，2021）。监督和约束能力的增强，能够有效约束国有企业管理层的机会主义行为，促进国有企业管理层在选择并购目标时更为谨慎，减少国有企业的无效并购。

综合以上分析，本书提出如下研究假设：

H5.1：国有资本授权经营能够减少国有企业的无效并购。

5.1.2 国有资本授权经营与并购整合能力

并购绩效的好坏除了取决于并购目标的选择外，并购后的整合也是不可或缺的重要影响因素（Ahuja and Katila，2001；逯东等，2019）。并购交易通常涉及两个各自独立的生产经营实体，即并购双方。在并购之前，并购双方所属的行业、企业文化、主营业务、管理风格等方面都可能存在差异，因此难以直接将它们整合为一个协同运营的整体。在并购交易完成后，收购方如何成功地将双方整合为一个协同的整体，以创造协同效应，对获取高水平的并购绩效至关重要。并购整合是指收购方在收购另一家公司后，将并购双方的业务、资产、员工、文化和系统整合在一起，以创造协同效应，提高效率，并确保合并后的实体能够实现预期的业务和财务目标。并购整合旨在确保合并后的企业能够更好地协同工作，避免重复和浪费，减少成本，并最大程度地利用合并双方的优势。因此，并购整合不仅是整合双方资产，更是整合战略、文化和管理，以确保并购的成功执行，并最终创造价值。

然而，国有企业因固有的政府干预和所有者缺位引起的内部人控制等问题，可能导致国有企业在并购整合能力方面存在一定的问题。一方面，国有企业因承担一定的政策性负担，可能会引起国有企业的预算软约束问题，预算软约束会削弱国有企业并购的整合效率（张雯等，2013），进而导致国有企业的并购绩效受损。另一方面，国有企业管理层的双重属性导致企业管理层可能更看重政治目标的实现，而政治业绩考核中更多地将企业规模成长速度作为重要评判指标，导致国有企业管理层更关注于并购带来的企业规模扩展（陈仕华等，2015），而忽视了并购后的整合。

国有资本授权经营能够为国有企业并购后的整合质量的提升提供一定的支持。首先，国有资本授权经营通过改组组建国有资本投资、运营公司，并辅以授权、放权手段将权限下放，从而实现政企分离，此时管理层难以再将承担政策性负担作为借口推卸经营失败的责任，有助于抑制管理层因预算软约束而消极怠惰、不作为的情况，从而避免对并购整合工作产生负面影响。其次，国有资本授权经营能够强化各主体的监督能力，有效遏制并购整合过程中管理层可能出现的机会主义行为，有助于增强管理层在并购整合中的投入和努力（李济含和刘淑莲，2021）。一方面，国有资本授权经营明确地将出资人职权授权给国有资本投资、运营公司代为行使，人格化的积极股东能够在一定程度上实现国有企业的所有者到位，有助于加强对国有企业管理层的监督，督促管理层加强对并购整合过程的管理，提升并购整合质量。另一方面，国有资本授权经营后，国资监管职能的定位是宏观指导和行政监督，不再干涉国有企业的经营。基于有效管理幅度理论和比较优势理论，这一安排有助于提高国资监管机构的管理幅度和监管效率，也有助于国资监管机构将更多的精力和资源投入到其具有比较优势的国资监管工作上，以确保国资监督职能在并购整合过程中发挥作用，避免因国有企业管理层机会主义行为所造成的并购整合能力低下的问题。最后，国有资本授权经营能够通过缓解政策性负担和市场化的运作手段来提高国有企业管理层的业绩薪酬敏感性（卜君和孙光国，2021），竞争性的聘任制度和市场化的激励手段能够促使国有企业管理层以更加审慎的态度对待并购项目，注重并购整合过程中的管理，积极处理并购中发生的各类情况，从而提升并购整合质量。市场化的职业经理人因经营不善而被解聘的可能性更大，出于维护职业声誉和保住职位的考虑，会更加审慎地选择并购交易对象，注重并购整合过程中的管理，从而确保国有企业取得更高的并购绩效。

综合以上分析，本书提出如下研究假设：

H5.2：国有资本授权经营能够提高国有企业的并购整合能力。

5.2 研究设计

5.2.1 样本选取与数据来源

本章主要关注的是国有资本授权经营影响国有企业并购绩效的作用路径，因此在样本选取方面与第4章基本保持一致，即以2010—2020年发生并购交易事件的沪深A股国有上市公司作为研究样本。因为国有企业并购绩效的计算需要用到并购前两年和并购后两年的数据，所以实际的研究样本期间为2008—2022年。本书以国有资本投资、运营公司改革试点作为判断国有企业是否进行国有资本授权经营的重要标志，并以此作为样本的分组依据，将样本分为实验组和对照组。本书以国有资本投资、运营公司改革试点的国有企业下属的上市公司作为实验组。并购样本的来源及筛选处理方法与第4章相同。通过数据筛选，最终得到2 577个观测值。

本章所使用的人均国内生产总值（GDP）数据来源于中经网统计数据库，非相关多元化指标测度所需的数据来源于国泰安数据库（CSMAR）、万得数据库（Wind）和国家统计局官方网站中公布的"2020年全国42部门投入产出表"，企业破产风险计算所需的数据来源于国泰安数据库。稳健性检验中关联并购的数据来源于国泰安数据库中并购重组数据库的"交易信息总表"，企业内部控制质量的数据来源于迪博内部控制与风险管理数据库。其他的公司治理和公司财务数据均来源于国泰安数据库。此外，为缓解极端值对本书分析结果的影响，本章对所有连续变量进行了上下1%水平的Winsorize缩尾处理。本章实证部分首先通过Excel软件对数据进行预处理，然后借助Stata17.0软件进行后续的实证检验。

5.2.2 模型设计

本章主要从具体作用机制的视角进一步探讨国有资本授权经营对国有企业并购绩效的影响。为验证国有资本授权经营改革对企业并购绩效影响的作用机制——无效并购，即本章的研究假设5.1，构建如下模型（5.1）：

$$DMA_{i,\,t} = \alpha_0 + \alpha_1 DID_{i,\,t} + \alpha_2 Controls_{i,\,t} + \delta_i + \lambda_t + \varepsilon_{i,\,t} \tag{5.1}$$

模型（5.1）中，DMA代表的是无效并购，DID代表的是公司是否受到国有资本授权经营改革的冲击，$Controls$为控制变量，与第4章模型（4.1）中的控制变量一致。同时，本书还控制了年份固定效应（δ_i）和公司固定效应（λ_t）。需要说明的是，因为被解释变量为二值选择变量，故采用Probit固定效应模型进行实证检验。DID的估计系数α_1反映了国有资本授权经营对国企无效并购的影响效果。如果α_1大于0，代表国有资本授权经营改革能够促进国有企业进行无效并购；如果α_1小于0，则代表国有资本授权经营改革能够抑制国有企业的无效并购。结合前文的理论分析与研究假设，本书预期DID的估计系数α_1将小于0。

为验证国有资本授权经营改革对企业并购绩效影响的作用机制——并购整合能力，即本章的研究假设5.2，构建如下模型（5.2）：

$$\Delta Z_{i,\ t} = \alpha_0 + \alpha_1 DID_{i,\ t} + \alpha_2 Controls_{i,\ t} + \delta_i + \lambda_t + \varepsilon_{i,\ t} \tag{5.2}$$

模型（5.2）中，ΔZ代表的是并购整合能力，DID代表的是公司是否受到国有资本授权经营改革的冲击，$Controls$为控制变量，与第4章模型（4.1）中的控制变量一致。同时，本书还控制了年份固定效应（δ_i）和公司固定效应（λ_t）。DID的估计系数α_1反映了国有资本授权经营对国企并购整合能力的影响效果。如果α_1大于0，代表国有资本授权经营改革能够提升国有企业并购整合能力；如果α_1小于0，则代表国有资本授权经营改革不利于国有企业并购整合能力的提升。结合前文的理论分析与研究假设，本书预期DID的估计系数α_1将大于0。

5.2.3 变量定义

（1）被解释变量

模型（5.1）中的被解释变量是企业无效并购（DMA）。考虑到国有企业是政府干预的主要受影响方，且地方政府预算的硬化进一步加强了地方政府间的竞争（Cao et al.，1999；Poncet，2005），在此背景下，国有企业的并购更易受到地方政府的干预，并购对象的选择并非完全基于效率角度考虑，更可能实施无关多元化并购，并不利于企业财务绩效的提升。因此本书结合现有研究（李善民和周小春，2007；方军雄，2008；逯东等，2019；马勇等，2022），将与同行业企业之间的横向并购和与上下游企业之间的纵向并购定义为相关并购，而其他类型的并购则属于非相关多元化并购，用非相关多元化并购来衡量企业无效并购（*DMA*）。非相关多元化并购指标通过手工整理的方式获取。具体地，首先，确定并购交易的收购方的行业代码，行业代码按照中国证监会 2012 年版行业分类，数据来源于国泰安数据库（CSMAR），除了制造业按照二级代码分类，其他都按照一级代码分类。其次，确定被并购方的行业代码，数据来源于万得数据库（Wind），因万得数据库中的行业代码为四级行业代码，所以还需将其对应转换为证监会 2012 年版的二级代码。再次，参考 Fan 和 Lang（2000）、Fan 和 Goyal（2006）、李青原（2011）的做法，将收购方与被并购方的行业间的投入产出系数大于 1% 的视为纵向并购，行业间的投入产出系数来源于国家统计局官方网站上公布的 2020 年全国 42部门投入产出表。最后，将收购方与被并购方不属于同一行业和不存在纵向并购关系的并购交易事件判断为非相关多元化并购，*DMA* 赋值为 1，否则，*DMA* 赋值为 0。

　　模型（5.2）中的被解释变量是并购整合能力（*ΔZ*）。Higgins 和 Schall（1975）研究发现，企业并购后的破产风险能够真实展现企业并购整合情况。因此，本书参考杨道广等（2014）和逯东等（2019）的研究，利用企业并购前后破产风险的变化量来衡量企业并购整合能力。如果企业并购完成后的破产风险相比并购完成前的破产风险未明显上升或者说有所下降，说明企业在整合方面表现良好，且并购后的破产风险未增加。在指标的具体衡量测算上，首先用 Altman（1968）所构建的 Z 指数来衡量企业的破产风险，Z 指数构建公式为：Z=0.012×营运资本/总资产+0.014×留存收益/总资产+0.033×息税前利润/

总资产+0.006×股东权益合计/负债总计+0.999×营业收入/总资产，其中营运资本等于流动资产减去流动负债，留存收益为未分配利润和盈余公积之和。综上可以看出，Z 指数越高，代表企业破产风险越低。然后用并购后两年的破产风险减去并购前两年的破产风险，即为并购前后破产风险的变动量，也就是并购整合能力（ΔZ）。因为 Z 指数与破产风险之间是负相关的关系，所以 ΔZ 值越大，表明企业并购后的破产风险越低，代表并购整合能力越强，即 ΔZ 是个正向指标。

此外，为确保研究结论的可靠性，本书在稳健性检验部分中还分别使用关联并购（RMA）和并购交易前后内部控制质量的变化（ΔIC），作为无效并购（DMA）和并购整合能力（ΔZ）的替代指标，对样本重新进行检验。

（2）解释变量

模型（5.1）和模型（5.2）中的解释变量是国有资本授权经营改革的虚拟变量（DID），代表国有资本授权经营改革的事件冲击变量。本章关于 DID 的详细定义与方法和第 4 章是一致的，关于 DID 的具体赋值方法也和第 4 章保持一致，即如果样本公司的实际控制人当年已经纳入国有资本投资、运营公司改革试点，变量 DID 取值为 1，否则取 0。

（3）控制变量

本章主要关注的是国有资本授权经营影响企业并购绩效的机制路径，其内在研究逻辑与第 4 章存在一致性，因此本章模型（5.1）和模型（5.2）在控制变量的选取方面也与第 4 章的控制变量保持一致。从企业并购交易特征、企业经营和财务特征、企业治理特征以及外部宏观环境特征这四个方面选取相应的控制变量。具体包括：并购规模（$Scale$）、公司规模（$Size$）、财务杠杆（Lev）、盈利能力（Roa）、现金流比率（$CashFlow$）、公司成长性（$Growth$）、公司上市年限（Age）、董事会规模（$Board$）、独立董事比例（$Indep$）、两职合一（$Dual$）、高管过度自信（*OC*）和人均 GDP（*GDP*）。

以上就是本章所涉及的相关变量的定义，本书还进一步以表格的形式，对模型（5.1）和模型（5.2）中所涉及的主要相关变量进行整理和分类，具体可参见表 5-1。

表 5-1   **主要变量定义表**

变量类型	变量名称	变量符号	变量说明
被解释变量	无效并购	*DMA*	当公司选择非相关行业的企业进行并购时，该变量取值为 1，否则取 0
	并购整合能力	Δ*Z*	并购后两年 Altman Z 指数与并购前两年 Altman Z 指数之差
解释变量	国有资本授权经营	*DID*	若上市公司的实际控制人当年已经纳入国有资本投资、运营公司试点，该变量取 1，否则取 0
控制变量	并购规模	*Scale*	并购交易金额的自然对数
	公司规模	*Size*	期末总资产的自然对数
	财务杠杆	*Lev*	资产负债率
	盈利能力	*Roa*	总资产收益率
	现金流比率	*CashFlow*	经营活动产生的现金流净额除以总资产
	公司成长性	*Growth*	营业收入增长率
	公司上市年限	*Age*	公司上市年数加 1 的自然对数
	董事会规模	*Board*	期末董事会总人数的自然对数
	独立董事比例	*Indep*	期末独立董事人数与期末董事会总人数的比值
	两职合一	*Dual*	虚拟变量。当董事长兼任总经理时，该值取 1，否则取 0
	高管过度自信	*OC*	公司前三位高管薪酬总和与所有高管薪酬总和的比值
	人均 GDP	*GDP*	公司注册地所在省份人均 GDP

5.3 实证结果与分析

5.3.1 描述性统计

为了初步了解本书研究中涉及的变量的数据分布情况，本书首先对变量进行了描述性统计分析，表5-2是本章被解释变量、解释变量和控制变量的描述性统计分析结果。从表中可以发现，无效并购（DMA）的均值为0.201，中位数为1，标准差为0.490，说明样本国有企业中约有20.1%的企业选择了进行非相关多元化并购，国有企业在选择并购目标时可能受到了政府干预的影响，选择了非相关行业的企业作为并购目标，给并购后的企业发展带来一定隐患，这一结果与现有研究的结论基本一致。并购整合能力（ΔZ）的均值为-0.026，中位数为-0.016，表明样本企业的并购完成后两年的破产风险有所提高，并购整合能力还需要进一步提升。并购整合能力（ΔZ）的标准差为0.252，最小值为-1.660，最大值为2.663，表明样本企业之间的并购整合能力存在较大差距。由于本章是在第4章分析的基础上进一步讨论国有资本授权经营改革影响企业并购绩效的机制路径，因此解释变量和控制变量的描述性统计结果与第4章的表4-3完全一致，此处不再赘述。

表5-2   **主要变量的描述性统计**

变量名	样本量	均值	标准差	最小值	中位数	最大值
DMA	2 577	0.201	0.490	0.000	1.000	1.000
ΔZ	2 577	-0.026	0.252	-1.660	-0.016	2.663
DID	2 577	0.096	0.294	0.000	0.000	1.000

变量名	样本量	均值	标准差	最小值	中位数	最大值
Scale	2 577	15.730	6.894	−0.400	18.080	25.100
Size	2 577	22.980	1.369	20.230	22.850	26.550
Lev	2 577	0.538	0.196	0.101	0.554	0.927
Roa	2 577	0.038	0.044	−0.108	0.032	0.183
CashFlow	2 577	0.044	0.071	−0.178	0.046	0.246
Growth	2 577	0.175	0.407	−0.522	0.107	2.732
Age	2 577	2.638	0.503	1.099	2.773	3.332
Board	2 577	2.208	0.194	1.609	2.197	2.708
Indep	2 577	0.372	0.056	0.300	0.333	0.571
Dual	2 577	0.103	0.304	0.000	0.000	1.000
OC	2 577	0.563	0.173	0.277	0.532	1.000
GDP	2 577	6.701	3.595	1.288	5.807	16.489

5.3.2 相关性分析

表5-3列示了本章各主要变量的Pearson相关系数。从表中可以看出，无效并购（*DMA*）和并购整合能力（ΔZ）两个指标之间的相关系数为−0.033，但是系数并不显著。国有资本授权经营变量（*DID*）与无效并购（*DMA*）之间的相关系数为−0.026，且在5%水平上显著，说明国有资本授权经营改革能够有效减少企业的无效并购，初步支持本书的研究假设5.1。国有资本授权经营变量（*DID*）与并购整合能力（ΔZ）之间的相关系数为0.084，且在1%水平上显著，表明国有资本授权经营改革能够提升企业并购整合能力，初步支持本书的研究假设5.2。接下来，从各变量之间的相关系数来看，系数值都是小于0.5的，初步说明本章模型中不存在严重的多重共线性问题。

表 5-3

本章主要变量相关性分析

变量	DMA	ΔZ	DID	Scale	Size	Lev	Roa	CashFlow	Growth	Age	Board	Indep	Dual	OC	GDP
DMA	1														
ΔZ	-0.033	1													
DID	-0.026**	0.084***	1												
Scale	0.027	-0.019	-0.015	1											
Size	0.060***	0.006	0.146***	0.102***	1										
Lev	0.029	0.017	0.022	0.025	0.429***	1									
Roa	-0.014	-0.017	-0.011	0.026	-0.035*	-0.432***	1								
CashFlow	0.049**	-0.000	0.055***	0.009	0.049**	-0.179***	0.334***	1							
Growth	0.012	0.290***	-0.034*	0.002	0.001	0.051*	0.203***	0.013	1						
Age	0.039*	0.030	0.155***	0.017	0.121***	0.122***	-0.118***	-0.045**	-0.057***	1					
Board	0.028	-0.025	-0.022	0.006	0.198***	0.057***	0.052**	0.101***	-0.001	-0.087***	1				
Indep	0.022	-0.001	0.000	0.024	0.119***	0.069***	-0.083***	-0.060***	-0.043**	0.073***	-0.392***	1			
Dual	-0.076***	-0.034*	-0.019	0.008	-0.039**	0.021	0	0.009	-0.002	-0.043**	-0.054***	0.046**	1		
OC	0.084***	0.059***	-0.001	-0.041**	-0.208***	-0.116***	-0.005	0.008	0.022	0.116***	-0.193***	0.058***	-0.048***	1	
GDP	-0.012	-0.010	0.102***	0.044***	0.215***	-0.067***	0.055**	-0.002	-0.047***	0.176***	-0.116***	0.068***	0.011	0.065***	1

注：表中为 Pearson 检验系数，***，**，*分别表示 1%、5% 和 10% 的显著性水平。

5 国有资本授权经营影响国有企业并购绩效的机制分析 153

5.3.3 单变量检验

在正式进行多元回归分析之前，本书首先对整体样本进行了组间差异检验，希望通过组间差异检验初步检验整体是否符合研究假设的预期。表5-4列示了是否受到国有资本授权经营改革冲击的样本之间的差异性检验结果。从中可以看出，企业无效并购（DMA）的均值在进行国有资本授权经营改革前后存在显著差异，在国有资本授权经营改革前，无效并购（DMA）的均值是0.231，而在国有资本授权经营改革后，无效并购（DMA）的均值下降到0.182，表明国有资本授权经营改革后企业无效并购问题得到一定解决。并购整合能力（ΔZ）的均值在进行国有资本授权经营改革前后存在显著差异，在国有资本授权经营改革前，并购整合能力（ΔZ）的均值是-0.033，而在国有资本授权经营改革后，并购整合能力（ΔZ）的均值提升到0.039，表明国有资本授权经营改革后企业并购整合能力（ΔZ）有所提升。上述结果初步验证了本书的研究假设5.1和研究假设5.2。由于本章是在第4章分析的基础上进一步讨论国有资本授权经营改革影响企业并购绩效的机制路径，因此其他控制变量的均值差异结果与第4章的表4-5完全一致，此处不再赘述。

表5-4 主要变量均值差异分析

Two-sample	DID=0	DID=1	T-test
变量	均值	均值	差异
DMA	0.231	0.182	0.067[*]
ΔZ	-0.033	0.039	-0.072[***]
$Scale$	15.760	15.410	0.346
$Size$	22.910	23.590	-0.680[***]

Two-sample	DID=0	DID=1	T-test
变量	均值	均值	差异
Lev	0.536	0.551	−0.015
Roa	0.039	0.037	0.002
CashFlow	0.043	0.056	−0.013***
Growth	0.179	0.132	0.047*
Age	2.612	2.879	−0.267***
Board	2.209	2.195	0.015
Indep	0.372	0.372	0.000
Dual	0.105	0.085	0.020
OC	0.563	0.562	0.001
GDP	6.578	7.865	−1.287***

注：***、**、*分别表示1%、5%和10%的显著性水平。

5.3.4 多元回归结果分析

在前述分析的基础上，为验证本书的假设 5.1，本部分对模型（5.1）进行实证检验。表5-5是国有资本授权经营对企业无效并购影响的回归结果。第（1）列为控制了年度和个体固定效应后的回归结果，第（2）列为在列（1）的基础上加入了控制变量后的回归结果。从回归结果中可以看出，在只控制个体和年度固定效应的情况下，国有资本授权经营（DID）的系数与被解释变量企业无效并购（DMA）显著负相关，系数为−0.229，在10%的水平上显著，说明相比实际控制人未进行国有资本授权经营改革试点的上市公司，实际控制人进行了国有资本授权经营改革试点的上市公司更可能减少无效并购。在增加控制变量后，国有资本授权经营（*DID*）的系数与被解释变量企业无效并购（*DMA*）显著负相关，系数为-0.206，在10%的水平上显著，即国有资本授权经营发挥了积极作用，能够显著减少国有企业的无效并购，实证结果支持了本书的研究假设5.1。

控制变量方面，公司规模（*Size*）与企业无效并购（*DMA*）在10%水平上显著正相关，说明规模越大的公司越容易进行无效并购。这可能是因为，规模较大的企业经济实力一般也较为雄厚，更易受到地方政府的关注，从而更易受到政府干预的影响，进行无效并购。现金流比率（*CashFlow*）与企业无效并购（*DMA*）之间在10%水平上呈现正相关关系，说明现金流越充裕的企业越有可能进行无效并购。两职合一（*Dual*）的系数为-0.300，在5%的水平上显著。而高管过度自信（*OC*）的系数为0.849，在1%水平上显著为正，说明过度自信的高管更容易推动企业进行无效并购。

表5-5　　国有资本授权经营对企业无效并购影响的回归结果

变量名	（1）	（2）
	DMA	*DMA*
DID	-0.229[*]	-0.206[*]
	（-1.97）	（-1.98）
Scale		0.005
		（1.15）
Size		0.068[*]
		（2.19）
Lev		0.125
		（0.59）
Roa		-0.778
		（-0.94）

变量名	（1）	（2）
	DMA	DMA
CashFlow		1.091*
		（2.41）
Growth		0.064
		（0.87）
Age		0.039
		（0.57）
Board		0.225
		（1.14）
Indep		0.607
		（0.94）
Dual		−0.300**
		（−3.02）
OC		0.849***
		（4.35）
GDP		−0.018
		（−1.85）
Constant	0.338***	−2.535**
	（5.74）	（−3.25）
Year	Yes	Yes
Firm	Yes	Yes
Observations	2 577	2 577
Pseudo R-squared	0.001	0.020

注：***、**、*分别表示1%、5%和10%的显著性水平，括号内为 T 值。

为验证本书的假设 5.2，本部分对模型（5.2）进行实证检验。表 5-6 是国有资本授权经营对企业并购整合能力影响的回归结果。第（1）列为控制了年度和个体固定效应后的回归结果，第（2）列为在第（1）列的基础上加入了控制变量后的回归结果。从回归结果中可以看出，在只控制个体和年度固定效应的情况下，国有资本授权经营（DID）与被解释变量企业并购整合能力（ΔZ）显著正相关，系数为 0.089，在 1% 的水平上显著，说明相比实际控制人未进行国有资本授权经营改革试点的上市公司，实际控制人进行了国有资本授权经营改革试点的上市公司能够提升企业并购整合能力。在增加控制变量后，国有资本授权经营（DID）的系数与被解释变量企业并购整合能力（ΔZ）之间显著正相关，系数为 0.087，在 1% 的水平上显著，即国有资本授权经营发挥了积极作用，能够显著提升国有企业的并购整合能力，实证结果支持了本书的研究假设 5.2。

表 5-6　　　　　国有资本授权经营对企业并购整合能力影响的回归结果

变量名	(1)	(2)
	ΔZ	ΔZ
DID	0.089***	0.087***
	(3.49)	(3.54)
Scale		−0.000
		(−0.02)
Size		0.006
		(0.35)
Lev		−0.080
		(−1.17)
Roa		−0.329*
		(−1.75)

变量名	（1）	（2）
	ΔZ	ΔZ
CashFlow		0.027
		（0.28）
Growth		0.171***
		（12.12）
Age		−0.017
		（−0.33）
Board		−0.175***
		（−2.69）
Indep		−0.001
		（−0.71）
Dual		−0.031
		（−1.29）
OC		0.056
		（1.16）
GDP		−0.482
		（−0.73）
Constant	0.070***	0.395
	（4.38）	（0.96）
Year	Yes	Yes
Firm	Yes	Yes
Observations	2 577	2 577
R-squared	0.079	0.162

注：***、**、*分别表示1%、5%和10%的显著性水平，括号内为T值。

为进一步检验国有资本授权经营对企业并购绩效影响的作用机制——无效并购和并购整合能力，本书借鉴温忠麟等（2004）构造的中介效应检验方法，构建如下三步联立方程：

$$Y=cX+e_1 \tag{5.3}$$

$$M=aX+e_2 \tag{5.4}$$

$$Y=c'X+bM+e_3 \tag{5.5}$$

在检验中介效应时，第一步要对模型（5.3）进行回归，如果估计系数 c 显著，代表 X 对 Y 有显著影响，只有在 X 和 Y 关系显著的情况下，才能进入第二步检验，进一步研究中介效应。第二步，对模型（5.4）进行回归，如果估计系数 a 显著，说明 X 对 M 有显著影响，继续进行下一步。第三步，对模型（5.5）进行回归，如果估计系数 c' 和 b 均显著，则说明 X 和 Y 之间存在部分中介效应。

因为在第 4 章实证部分已经对第一步检验进行了论证，证明了国有资本授权经营改革能够显著提升并购绩效水平，且上文已对第二步进行了检验，证明了国有资本授权经营改革能够显著降低企业的无效并购和提升企业的并购整合能力，因此，本部分重点关注第三步的检验结果。

表 5-7 列示了按照三步法对无效并购的中介效应的检验结果。其中，第（1）和第（2）列为第一步的回归结果，即国有资本授权经营改革对企业并购绩效的影响结果，被解释变量分别为企业并购经营绩效（ΔROA）和企业并购市场绩效（BHAR），与第 4 章表 4-6 一致，发现国有资本授权经营改革（DID）的估计系数显著为正，说明国有资本授权经营改革能够显著提升企业并购绩效。第（3）列为第二步的回归结果，即国有资本授权经营改革对企业无效并购（DMA）的影响结果，与本章表 5-5 一致，发现国有资本授权经营改革的估计系数与企业无效并购（DMA）显著负相关，说明国有资本授权经营改革

能够显著降低企业的无效并购。第（4）和（5）列为第三步的回归结果，被解释变量分别为企业并购经营绩效（ΔROA）和企业并购市场绩效（$BHAR$），企业无效并购（DMA）的估计系数均显著为负。另外，国有资本授权经营（DID）的估计系数依然显著为正，系数分别为 0.134 和 0.096，且其系数值相比第一步的 0.140 和 0.151 都有所下降。以上结果证明存在部分中介效应，即无效并购在国有资本授权经营改革与企业并购绩效的关系中起到部分中介作用。

表 5-7 　　　　　　　　　　无效并购的中介效应检验结果

变量名	第一步		第二步	第三步	
	（1）	（2）	（3）	（4）	（5）
	ΔROA	$BHAR$	DMA	ΔROA	$BHAR$
DID	0.140**	0.151***	−0.206*	0.134**	0.096***
	(2.05)	(2.70)	(−1.98)	(2.35)	(2.66)
DMA				−0.061*	−0.090*
				(−1.68)	(−1.89)
$Scale$	−0.001	0.001	0.005	0.000	0.001
	(−0.62)	(0.40)	(1.15)	(0.20)	(0.41)
$Size$	0.013	−0.250***	0.068*	0.008	0.016
	(0.29)	(−6.55)	(2.19)	(0.15)	(0.23)
Lev	0.214	0.726***	0.125	0.264	0.405
	(1.13)	(4.68)	(0.59)	(1.30)	(1.52)
Roa	−2.665***	−0.186	−0.778	−2.784***	−3.488***
	(−5.13)	(−0.44)	(−0.94)	(−4.93)	(−4.70)
$CashFlow$	0.480*	0.120	1.091	0.566**	0.622*
	(1.83)	(0.56)	(2.41)	(1.99)	(1.67)

变量名	第一步		第二步	第三步	
	（1）	（2）	（3）	（4）	（5）
	ΔROA	BHAR	DMA	ΔROA	BHAR
Growth	−0.112***	0.027	0.064	−0.125***	−0.155***
	（−2.88）	（0.86）	（0.87）	（−2.99）	（−2.82）
Age	−0.908***	−0.012	0.039	−0.941***	−1.233***
	（−6.38）	（−0.10）	（0.57）	（−5.79）	（−5.77）
Board	0.164	−0.034	0.225	0.142	0.224
	（0.91）	（−0.23）	（1.14）	（0.73）	（0.88）
Indep	0.500	−0.167	0.607	0.333	0.308
	（1.05）	（−0.43）	（0.94）	（0.65）	（0.45）
Dual	−0.049	0.003	−0.300**	−0.049	−0.032
	（−0.74）	（0.05）	（−3.02）	（−0.68）	（−0.34）
OC	0.034	0.224**	0.849***	−0.037	−0.030
	（0.26）	（2.07）	（4.35）	（−0.26）	（−0.16）
GDP	−0.046**	−0.065***	−0.018	−0.041**	−0.050*
	（−2.55）	（−4.36）	（−1.85）	（−1.97）	（−1.86）
Constant	1.355	5.511***	−2.535**	1.668	2.008
	（1.19）	（5.92）	（−3.25）	（1.33）	（1.21）
Year	Yes	Yes	Yes	Yes	Yes
Firm	Yes	Yes	Yes	Yes	Yes
Observations	2 577	2 577	2 577	2 577	2 577
R-squared/Pseudo R-squared	0.278	0.105	0.020	0.281	0.244

注：***、**、*分别表示1%、5%和10%的显著性水平，括号内为T值。

表5-8列示了按照三步法对并购整合能力的中介效应的检验结果。其中，第（1）和第（2）列为第一步的回归结果，即国有资本授权经营改革对企业并购绩效的影响结果，被解释变量分别为企业并购经营绩效（ΔROA）和企业并购市场绩效（$BHAR$），与第4章表4-6一致，发现国有资本授权经营（DID）的估计系数显著为正，说明国有资本授权经营改革能够显著提升企业并购绩效。第（3）列为第二步的回归结果，即国有资本授权经营改革对企业并购整合能力（ΔZ）的影响结果，与本章表5-6一致，发现国有资本授权经营改革的估计系数与并购整合能力（ΔZ）显著正相关，说明国有资本授权经营改革能够显著提升企业的并购整合能力。第（4）和第（5）列为第三步的回归结果，被解释变量分别为企业并购经营绩效（ΔROA）和企业并购市场绩效（$BHAR$），企业并购整合能力（ΔZ）的估计系数均显著为正。另外，国有资本授权经营（DID）的估计系数依然显著为正，系数分别为0.126和0.143，且其系数值相比第一步的0.140和0.151都有所下降。以上结果证明存在部分中介效应，即并购整合能力在国有资本授权经营改革与企业并购绩效的关系中起到部分中介作用。

表5-8 　　　　　　　　**并购整合能力的中介效应检验结果**

变量名	第一步		第二步	第三步	
	（1）	（2）	（3）	（4）	（5）
	ΔROA	$BHAR$	ΔZ	ΔROA	$BHAR$
DID	0.140**	0.151***	0.087***	0.126**	0.143**
	(2.05)	(2.70)	(3.56)	(2.35)	(2.55)
ΔZ				0.130*	0.093*
				(1.71)	(1.68)

变量名	第一步		第二步	第三步	
	（1）	（2）	（3）	（4）	（5）
	ΔROA	$BHAR$	ΔZ	ΔROA	$BHAR$
Scale	−0.001	0.001	−0.000	0.007**	0.001
	（−0.62）	（0.40）	（−0.02）	（2.29）	（0.40）
Size	0.013	−0.250***	0.006	0.011	−0.250***
	（0.29）	（−6.55）	（0.35）	（0.22）	（−6.57）
Lev	0.214	0.726***	−0.080	0.164	0.733***
	（1.13）	（4.68）	（−1.17）	（0.77）	（4.73）
Roa	−2.665***	−0.186	−0.329*	−3.287***	−0.153
	（−5.13）	（−0.44）	（−1.75）	（−5.64）	（−0.36）
CashFlow	0.480*	0.120	0.027	0.374	0.115
	（1.83）	（0.56）	（0.28）	（1.25）	（0.54）
Growth	−0.112***	0.027	0.171***	−0.215***	0.011
	（−2.88）	（0.86）	（12.12）	（−4.68）	（0.34）
Age	−0.908***	−0.012	−0.017	−0.321***	−0.010
	（−6.38）	（−0.10）	（−0.33）	（−2.60）	（−0.09）
Board	0.164	−0.034	−0.175***	0.199	−0.018
	（0.91）	（−0.23）	（−2.69）	（0.97）	（−0.12）
Indep	0.500	−0.167	−0.001	0.332	−0.155
	（1.05）	（−0.43）	（−0.71）	（0.61）	（−0.40）
Dual	−0.049	0.003	−0.031	−0.087	0.005
	（−0.74）	（0.05）	（−1.29）	（−1.16）	（0.10）

变量名	第一步		第二步	第三步	
	（1）	（2）	（3）	（4）	（5）
	ΔROA	$BHAR$	ΔZ	ΔROA	$BHAR$
OC	0.034	0.224**	0.056	−0.092	0.219**
	(0.26)	(2.07)	(1.16)	(−0.61)	(2.02)
GDP	−0.046**	−0.065***	−0.482	0.012	−0.065***
	(−2.55)	(−4.36)	(−0.73)	(0.71)	(−4.32)
Constant	1.355	5.511***	0.395	−0.357	5.476***
	(1.19)	(5.92)	(0.96)	(−0.31)	(5.88)
Year	Yes	Yes	Yes	Yes	Yes
Firm	Yes	Yes	Yes	Yes	Yes
Observations	2 577	2 577	2 577	2 577	2 577
R-squared/Pseudo R-squared	0.278	0.105	0.162	0.289	0.106

注：***、**、*分别表示1%、5%和10%的显著性水平，括号内为T值。

5.4　稳健性检验

为了增强研究结论的可靠性，本章还分别利用平行趋势检验、安慰剂检验、倾向得分匹配法等方法进行稳健性检验。

5.4.1　平行趋势检验

平行趋势假定是多时点双重差分模型的前提条件，即在国有资本授权经营改革之前，实验组与对照组的无效并购和并购整合能力应呈现相同的发展趋势。为此，有必要通过动态效应检验主模型是否满足平行趋势。本书沿用第4章的做法，借鉴 Beck 等（2010）的研究，首先根据国有资本授权经营改革时间构造时间虚拟变量，然后将时间虚拟变量与分组虚拟变量 Treat 组成交乘项，最后将模型（5.1）和模型（5.2）分别扩展为如下模型（5.6）和模型（5.7）重新进行回归，以检验国有资本授权经营影响国有企业无效并购和并购整合能力的动态效应。

$$
\begin{aligned}
DMA_{i,t} = {} & \alpha_0 + \alpha_1 Treat_{i,t} \times Before^4_{i,t} + \alpha_2 Treat_{i,t} \times Before^3_{i,t} + \alpha_3 Treat_{i,t} \times \\
& Before^2_{i,t} + \alpha_4 Treat_{i,t} \times Before^1_{i,t} + \alpha_5 Treat_{i,t} \times After^0_{i,t} + \alpha_6 Treat_{i,t} \times \\
& After^1_{i,t} + \alpha_7 Treat_{i,t} \times After^2_{i,t} + \alpha_8 Treat_{i,t} \times After^3_{i,t} + \alpha_9 Treat_{i,t} \times \\
& After^{4+}_{i,t} + \alpha_{10} Controls_{i,t} + \delta_i + \lambda_t + \varepsilon_{i,t}
\end{aligned} \tag{5.6}
$$

$$
\begin{aligned}
\Delta Z_{i,t} = {} & \beta_0 + \beta_1 Treat_{i,t} \times Before^4_{i,t} + \beta_2 Treat_{i,t} \times Before^3_{i,t} + \beta_3 Treat_{i,t} \times \\
& Before^2_{i,t} + \beta_4 Treat_{i,t} \times Before^1_{i,t} + \beta_5 Treat_{i,t} \times After^0_{i,t} + \beta_6 Treat_{i,t} \times \\
& After^1_{i,t} + \beta_7 Treat_{i,t} \times After^2_{i,t} + \beta_8 Treat_{i,t} \times After^3_{i,t} + \beta_9 Treat_{i,t} \times \\
& After^{4+}_{i,t} + \beta_{10} Controls_{i,t} + \delta_i + \lambda_t + \varepsilon_{i,t}
\end{aligned} \tag{5.7}
$$

模型（5.6）和模型（5.7）中，$Before^n$ 和 $After^n$ 是根据国有资本授权经营改革时间构造的虚拟变量，$Before^4$、$Before^3$、$Before^2$、$Before^1$、$After^0$、$After^1$、$After^2$、$After^3$、$After^{4+}$，分别为国有资本授权经营改革前4年、改革前3年、改革前2年、改革前1年、改革当年、改革后1年、改革后2年、改革后3年、改革后4年及以上。Treat 为样本的分组变量，如果样本被纳入国有资本授权经营改革试点范围，则为实验组，Treat 为1，如果样本没有被纳入国有资本授权经营改革试点范围，则为对照组，Treat 为0。因此，如果观测期内样本没有被纳入国有资本授权经营改革试点范围，交乘项 $Treat \times Before^n$ 和 $Treat \times After^n$ 为0。对于观测期内被纳入国有资本授权经营改革试点的实验组样本，当企业处在改革年份前（后）的第 n 年时，$Treat \times Before^n$（$After^n$）

为1，其他变量定义同第4章的模型（4.1）一致，此处不再赘述。

表5-9报告了模型（5.6）和模型（5.7）的回归结果，第（1）和第（2）列的被解释变量分别为企业无效并购（*DMA*）和并购整合能力（Δ*Z*）。从回归结果中可以看出，国有资本授权经营改革前4年、前3年、前2年、前1年，回归系数均不显著，表面实验组与对照组在国有资本授权经营改革试点实施前的无效并购情况和并购整合能力均不存在显著差异，通过了平行趋势检验；另外，国有资本授权经营改革试点实施后1年，第（1）列的回归系数开始显著为负，再次证明国有资本授权经营改革能够显著减少企业无效并购。国有资本授权经营改革试点当年开始，第（2）列的回归系数开始显著为正，再次证明国有资本授权经营改革能够显著提升国有企业并购整合能力。

表5-9　　　　　　　　　　**稳健性检验：平行趋势检验结果**

变量名	（1）	（2）
	DMA	Δ*Z*
$Treat \times Before^4$	0.084	−0.011
	(0.54)	(−0.17)
$Treat \times Before^3$	−0.014	0.033
	(−0.09)	(0.57)
$Treat \times Before^2$	−0.178	0.077
	(−1.11)	(1.29)
$Treat \times Before^1$	−0.301*	0.059
	(−1.91)	(1.02)
$Treat \times After^0$	−0.202	0.089**
	(−1.18)	(2.01)

变量名	（1）	（2）
	DMA	ΔZ
$Treat \times After^1$	-0.740^{**}	0.244^{***}
	（-2.10）	（2.62）
$Treat \times After^2$	-0.164	0.100
	（-0.63）	（1.52）
$Treat \times After^3$	-0.302	0.064
	（-1.17）	（0.58）
$Treat \times After^{4+}$	-0.020	0.159
	（-0.11）	（0.65）
Scale	0.000	-0.000
	（0.00）	（-0.14）
Size	0.081^{***}	0.010
	（3.27）	（0.58）
Lev	-0.073	-0.097^{*}
	（-0.42）	（-1.43）
Roa	-1.163	-0.395^{**}
	（-1.58）	（-2.11）
CashFlow	0.965^{**}	0.023
	（2.43）	（0.24）
Growth	0.036	0.165^{***}
	（0.52）	（11.92）

变量名	（1）	（2）
	DMA	ΔZ
Age	0.093*	0.041
	(1.69)	(0.76)
Board	0.171	−0.124*
	(1.07)	(−1.92)
Indep	0.373	−0.237
	(0.69)	(−1.38)
Dual	−0.277***	−0.019
	(−3.25)	(−0.81)
OC	0.797***	0.040
	(4.83)	(0.84)
GDP	−0.013	−0.014**
	(−1.57)	(−2.06)
Constant	−2.624***	0.171
	(−4.22)	(0.41)
Year	Yes	Yes
Firm	Yes	Yes
Observations	2 577	2 577
R-squared/Pseudo R-squared	0.020	0.172

注：***、**、*分别表示1%、5%和10%的显著性水平，括号内为T值。

5.4.2 安慰剂检验

观测期内的一些无法观测到的随机因素或者同一时期的其他政策，也可能会对样本公司的无效并购行为和并购整合能力产生影响，进而可能会对前文的研究结论造成影响。为了缓解上述担忧，验证国有企业无效并购行为的减少和并购整合能力的提升确实是国有资本授权经营改革导致的，本书沿用第4章的做法，进行安慰剂检验。具体地，本书为每个样本公司随机虚构一个改革年份，构造出新的国有资本授权经营变量（$DID2$），用$DID2$替换DID对模型（5.1）和模型（5.2）分别进行重新回归。如果此时的回归结果仍然显著，则说明不论是否受到国有资本授权经营改革的冲击，国有企业都会呈现出较低的无效并购和较高的并购整合能力，也即本书的企业无效并购行为的减少和并购整合能力的提升可能是由无法观测到的其他因素或者同一时期的其他政策导致的；相反，如果此时的回归结果不显著，则代表国有资本授权经营改革对国有企业无效并购行为和并购整合能力有显著影响。

表5-10报告了安慰剂检验结果，第（1）和第（2）列的被解释变量分别为企业无效并购（DMA）和并购整合能力（ΔZ）。从回归结果中可以看出，第（1）列中$DID2$的系数不再显著，说明如果企业未受到国有资本授权经营改革的影响，那么其无效并购行为并不会出现显著下降的情况，再次证明国有企业无效并购情况的变化来源于国有资本授权经营改革的冲击。第（2）列中$DID2$的系数不再显著，说明如果企业未受到国有资本授权经营改革的影响，那么其并购整合能力并不会出现显著上升的情况，再次证明国有企业并购整合能力的提升来源于国有资本授权经营改革的冲击。

表 5-10　　　　　　　　稳健性检验：安慰剂检验结果

变量名	（1）	（2）
	DMA	ΔZ
DID2	−0.634	0.143
	（−1.31）	（0.78）
Scale	0.016***	−0.000
	（4.07）	（−0.18）
Size	0.077***	0.009
	（3.10）	（0.54）
Lev	−0.560***	−0.101
	（−3.10）	（−1.50）
Roa	−3.784***	−0.433**
	（−4.92）	（−2.30）
CashFlow	2.119***	0.019
	（5.21）	（0.20）
Growth	0.084	0.166***
	（1.23）	（11.95）
Age	0.157***	0.043
	（2.78）	（0.79）
Board	0.330**	−0.124*
	（2.10）	（−1.92）
Indep	0.837	−0.272
	（1.58）	（−1.59）
Dual	−0.251***	−0.020
	（−2.86）	（−0.85）

变量名	(1)	(2)
	DMA	*ΔZ*
OC	0.910***	0.044
	(5.61)	(0.92)
GDP	−0.007	−0.015**
	(−0.74)	(−2.27)
Year	Yes	Yes
Firm	Yes	Yes
Observations	2 577	2 577
R-squared/Pseudo R-squared	0.044	0.166

注：***、**、*分别表示1%、5%和10%的显著性水平，括号内为*T*值。

5.4.3　基于倾向得分匹配的双重差分法

改组组建国有资本投资、运营公司是国有资本授权经营改革的核心举措，国有资本投资、运营公司试点是逐步推行的，即两类公司的选取并非随机确定的，可能存在"靓女先嫁"的问题。为解决这个问题，本书沿用第4章的做法，参考陈艳利和钱怀安（2023）的研究，采用基于倾向得分匹配的双重差分法（PSM-DID）进行稳健性检验。首先运用倾向得分匹配方法为实验组匹配条件相当的对照组，以增强两组样本的可对比性，然后结合双重差分法对匹配后的样本进行回归，以更加准确地检验国有资本授权经营改革对企业无效并购和并购整合能力的净影响。具体地，本书首先以是否进入国有资本授权经营改革试点作为被解释变量对各解释变量进行一个初步的logit回归，筛选出对被解释变量有显著影响的解释变量：公司规模（*Size*）、现金流比率（*CashFlow*）、公司上市年限（*Age*）、董事会规模（*Board*）和独立董事比例（*Indep*），并获得倾向得分值。接着，考虑到本书的实验组样本较少，本书以筛选出的变量作为协变量，采用1：3最近邻匹配法将实验组与对照组进行匹配。匹配完成后，还需进一步检验匹配效果，检验结果与第4章的表4-8和图4-1一致，匹配效果良好，此处不再赘述。

在确定匹配样本后，本书对模型（5.1）和模型（5.2）分别进行重新回归，结果见表5-11，第（1）和第（2）列的被解释变量分别为企业无效并购（*DMA*）和并购整合能力（ΔZ）。由表5-11可知，第（1）列中，国有资本授权经营（*DID*）的系数与被解释变量企业无效并购（*DMA*）显著负相关，说明倾向得分匹配后，国有资本授权经营对企业无效并购影响的结论不变。第（2）列中，国有资本授权经营（*DID*）的系数与被解释变量并购整合能力（ΔZ）显著正相关，说明倾向得分匹配后，国有资本授权经营对企业并购整合能力影响的结论不变。综上，基于倾向得分匹配的双重差分检验结果中，结论与前文保持一致，再次证明本书研究结论的稳健性。

表5-11　稳健性检验：基于倾向得分匹配的双重差分检验结果

变量名	（1） *DMA*	（2） ΔZ
DID	−0.248**	0.048**
	(−2.17)	(2.43)
Scale	0.012	−0.000
	(1.61)	(−0.27)
Size	0.143***	0.001
	(2.95)	(0.07)

变量名	（1）	（2）
	DMA	*ΔZ*
Lev	−0.019	−0.089
	（−0.05）	（−1.41）
Roa	−2.251	−0.288
	（−1.49）	（−1.16）
CashFlow	1.855**	−0.031
	（2.13）	（−0.21）
Growth	0.207	0.203***
	（1.39）	（8.78）
Age	−0.062	0.022
	（−0.44）	（0.90）
Board	−0.095	−0.043
	（−0.30）	（−0.79）
Indep	0.080	−0.054
	（0.07）	（−0.29）
Dual	−0.518***	0.012
	（−2.96）	（0.39）
OC	0.662**	0.047
	（2.05）	（0.85）
GDP	−0.002	−0.002
	（−0.16）	（−0.86）
Constant	-3.197**	0.035
	（−2.47）	（0.16）

变量名	（1）	（2）
	DMA	*ΔZ*
Year	Yes	Yes
Firm	Yes	Yes
Observations	753	753
R-squared/Pseudo R-squared	0.050	0.183

注：***、**、*分别表示1%、5%和10%的显著性水平，括号内为*T*值。

5.4.4 删除试点当年样本

前文实证模型（5.1）和模型（5.2）在设定时，将*Post*变量在试点改革当年即赋值为1，用以分析样本在试点前与试点当年、试点后之间的无效并购和并购整合能力表现。这里，本书沿用第4章的做法，参考李文贵等（2017）的研究，将国有资本授权经营改革当年的样本删除，再次对模型（5.1）和模型（5.2）分别进行回归，直接考察样本公司试点前后的无效并购和并购整合能力情况。

回归结果见表5-12，第（1）和第（2）列的被解释变量分别为企业无效并购（*DMA*）和并购整合能力（*ΔZ*）。由表5-12可知，第（1）列中，国有资本授权经营（*DID*）与被解释变量企业无效并购（*DMA*）显著负相关，说明删除试点当年样本后，国有资本授权经营对企业无效并购影响的结论不变。第（2）列中，国有资本授权经营（*DID*）与被解释变量并购整合能力（*ΔZ*）显著正相关，说明删除试点当年样本后，国有资本授权经营对企业并购整合能力影响的结论不变。综上，删除试点当年样本的检验结果与前文保持一致，说明本书研究结论的稳健性，再次证明了本书的研究假设5.1和研究假设5.2。

表5-12　　　稳健性检验：删除试点当年样本的检验结果

变量名	（1）	（2）
	DMA	ΔZ
DID	−0.185*	0.102***
	（−1.88）	（3.55）
Scale	0.004	0.000
	（1.13）	（0.06）
Size	0.070***	0.009
	（2.92）	（0.51）
Lev	−0.056	−0.093
	（−0.33）	（−1.34）
Roa	−0.989	−0.356*
	（−1.39）	（−1.82）
CashFlow	0.928**	0.019
	（2.40）	（0.20）
Growth	0.056	0.169***
	（0.85）	（11.75）
Age	0.073	−0.015
	（1.38）	（−0.29）
Board	0.239	−0.190***
	（1.55）	（−2.87）
Indep	0.005	−0.001
	（0.94）	（−0.81）
Dual	−0.272***	−0.036
	（−3.25）	（−1.46）

变量名	（1）	（2）
	DMA	*ΔZ*
OC	0.752***	0.046
	（4.77）	（0.94）
GDP	−1.082	−0.432
	（−1.41）	（−0.64）
Constant	−2.589***	0.384
	（−4.28）	（0.92）
Year	Yes	Yes
Firm	Yes	Yes
Observations	2 518	2 518
R-squared/Pseudo R-squared	0.019	0.159

注：***、**、*分别表示1%、5%和10%的显著性水平，括号内为*T*值。

5.4.5　替换被解释变量

本章主要从具体作用机制的视角进一步探讨国有资本授权经营对国有企业并购绩效的影响，无效并购和并购整合能力是本章的核心被解释变量。在相关研究中，关于企业无效并购和并购整合能力的度量方式有多种。在基准回归模型中，本书采用非相关多元化并购来度量企业无效并购，采用并购交易前后破产风险的变化来度量企业并购整合能力。为了增强本书研究结论的稳健性，缓解可能存在的测量误差问题，本书参考李增泉等（2005）、黄兴孪和沈维涛（2006）、周绍妮等（2017）、逯东等（2019）的做法，用关联并购（*RMA*）来衡量企业无效并购，对模型（5.1）进行重新回归。另外，本书用并购交易前后内部控制质量的变化（*ΔIC*）来衡量企业的并购整合能力，对模型（5.2）进行重新检验。

当企业选择关联企业作为并购目标时，*RMA* 取值为 1，否则取值为 0。并购交易前后内部控制质量的变化（Δ*IC*）指标的衡量与前文并购交易前后以破产风险的变化来度量企业并购整合能力（Δ*Z*）指标基本一致。首先，从迪博内部控制与风险管理数据库获取企业内部控制质量数据，然后用并购交易后两年的内部控制质量减去并购前两年的内部控制质量，即为并购交易前后内部控制质量的变化量（Δ*IC*）。该值越大，代表企业并购整合能力越强。

表 5-13 列示了替换被解释变量后的回归结果，第（1）和第（2）列的被解释变量分别为 *RMA* 和 Δ*IC*。由表 5-13 可知，第（1）列中，在改变了被解释变量无效并购的衡量方式后，解释变量国有资本授权经营（*DID*）的系数仍然显著为负。第（2）列中，在改变了被解释变量并购整合能力的衡量方式后，解释变量国有资本授权经营（*DID*）的系数仍然显著为正。可见，替换被解释变量的衡量方式并不会导致解释变量（*DID*）的符号和显著性发生实质性变化，更进一步支持本书的研究假设 5.1 和研究假设 5.2。

表 5-13　　　　稳健性检验：替换被解释变量检验结果

变量名	（1）	（2）
	RMA	Δ*IC*
DID	−0.176**	0.389***
	(−2.01)	(3.09)
Scale	0.004	0.002
	(1.17)	(0.37)
Size	0.069***	−0.102***
	(2.94)	(−3.15)

变量名	（1）	（2）
	RMA	*ΔIC*
Lev	−0.012	0.218
	（−0.07）	（0.95）
Roa	−0.860	5.624***
	（−1.23）	（5.96）
CashFlow	1.019***	−0.268
	（2.66）	（−0.52）
Growth	0.046	0.250***
	（0.70）	（3.00）
Age	0.065	0.070
	（1.25）	（0.96）
Board	0.222	−0.319
	（1.46）	（−1.56）
Indep	0.006	−0.006
	（1.14）	（−0.94）
Dual	−0.272***	0.068
	（−3.31）	（0.63）
OC	0.758***	−0.007
	（4.85）	（−0.03）
GDP	−1.101	−0.249
	（−1.46）	（−0.23）
Constant	−2.598***	2.268***
	（−4.35）	（2.84）

变量名	（1）	（2）
	RMA	*ΔIC*
Year	Yes	Yes
Firm	Yes	Yes
Observations	2 577	2 577
R-squared/Pseudo R-squared	0.036	0.077

注：***、**、*分别表示1%、5%和10%的显著性水平，括号内为*T*值。

5.4.6 排除混合所有制改革的影响

已有研究发现，上市公司层面的混合所有制改革通过引入非国有股东参与治理能够有助于国有企业并购绩效的提升，并且非国有股东参与治理通过减少企业的无效并购交易和提高企业的并购整合能力来为国有企业并购绩效的提升提供保障（逯东等，2019；胡建雄，2021；马勇等，2022）。即本书无效并购交易的减少和并购整合能力的提升有可能是受到上市公司层面混合所有制改革的影响，而非国有资本授权经营改革的作用。为排除这一干扰因素，提升本书研究结论的可靠性，本书沿用第4章的做法，引入混合所有制改革程度的衡量指标（*Mix*），即前十大非国有股东持股比例与国有股东持股比例的比值，将其作为控制变量，加入到基准模型（5.1）和基准模型（5.2）中，分别进行重新回归。

表5-14列示了排除混合所有制改革影响后的回归结果，第（1）和第（2）列的被解释变量分别为企业无效并购（*DMA*）和并购整合能力（*ΔZ*）。由表5-14可知，第（1）列中，国有资本授权经营（*DID*）与被解释变量企业无效并购（*DMA*）显著负相关，说明在加

入混合所有制改革程度指标后，国有资本授权经营对企业无效并购影响的结论不变。第（2）列中，国有资本授权经营（*DID*）与被解释变量并购整合能力（*ΔZ*）显著正相关，说明在加入混合所有制改革程度指标后，国有资本授权经营对企业并购整合能力影响的结论不变。综上，排除混合所有制改革影响的检验结果仍与前文保持一致，说明本书研究结论的稳健性，进一步支持了本书的研究假设5.1和研究假设5.2。

表5-14　　稳健性检验：排除混合所有制改革的影响检验结果

变量名	(1)	(2)
	DMA	*ΔZ*
DID	−0.170*	0.085***
	(−1.94)	(3.46)
Scale	0.005	−0.000
	(1.24)	(−0.07)
Size	0.067***	0.007
	(2.84)	(0.40)
Lev	−0.010	−0.085
	(−0.06)	(−1.23)
Roa	−0.756	−0.308
	(−1.07)	(−1.63)
CashFlow	1.046***	0.030
	(2.73)	(0.31)
Growth	0.046	0.171***
	(0.71)	(12.08)

变量名	（1）	（2）
	DMA	*ΔZ*
Age	0.057	−0.024
	（1.09）	（−0.46）
Board	0.212	−0.174***
	（1.39）	（−2.68）
Indep	0.005	−0.001
	（1.07）	（−0.69）
Dual	−0.263***	−0.019
	（−3.15）	（−0.77）
OC	0.730***	0.056
	（4.65）	（1.17）
GDP	−1.098	−0.475
	（−1.45）	（−0.72）
Mix	−0.000	−0.000**
	（−0.71）	（−2.43）
Constant	−2.490***	0.391
	（−4.15）	（0.95）
Year	Yes	Yes
Firm	Yes	Yes
Observations	2 577	2 577
R-squared/Pseudo R-squared	0.035	0.166

注：***、**、*分别表示1%、5%和10%的显著性水平，括号内为*T*值。

5.5 进一步研究与分析

5.5.1 国有资本授权经营对政策性负担的影响结果

前文分析认为，并购目标的选择和并购整合能力是企业并购绩效的重要影响因素（Palepu，1986；Ahuja and Katila，2001；逯东等，2019），而政府干预下的"拉郎配"式并购并未能考虑并购目标选择的合理性，政策性负担导致的预算软约束也会削弱国有企业并购的整合效率，最终影响国有企业的并购绩效。因此，国有资本授权经营应该通过缓解政策性负担来减少国有企业的无效并购和提升国有企业的并购整合能力。前面已经证实了国有资本授权经营能够减少国有企业的无效并购和提升国有企业的并购整合能力，为了更细致地探究国有资本授权经营影响国有企业并购绩效的机制路径，本书进一步考察国有资本授权经营能否降低国有企业的政策性负担。

为了考察国有资本授权经营对政策性负担的影响，本书参考曾庆生和陈信元（2006）、杨德明和赵璨（2016）、耿云江和马影（2020）的研究，用雇员冗余（$OverEmp$）指标来衡量国有企业的政策性负担。具体地，通过构建下述模型（5.8）来估计企业的雇员冗余水平：

$$Emp_{i,t} = \beta_0 + \beta_1 Size_{i,t} + \beta_2 Lev_{i,t} + \beta_3 Roa_{i,t} + \beta_4 Growth_{i,t} + \beta_5 PPE_{i,t} + \varepsilon_{i,t}$$

$$(5.8)$$

在模型（5.8）中，Emp 为公司雇员规模，用公司雇员人数除以总资产再乘以 1 000 000 来衡量；$Size$ 为公司规模，用公司的总资产的对数来衡量；Lev 为公司财务杠杆，用资产负债率来衡量；Roa 为公司盈利能力，用总资产收益率来衡量；$Growth$ 为公司成长性，用公司营业收入增长率来衡量；PPE 为公司资本密集度，用公司固定资产除以总资产来衡量。对模型（5.8）进行分年度分行业回归，模型（5.8）的回归残差所代表的公司雇员实际数值与公司雇员期望数值之间的差额，即为雇员冗余水平。雇员冗余（*OverEmp*）数值越大，表明公司政策性负担问题越严重。

表 5-15 列示了国有资本授权经营对政策性负担的影响结果。从表中可知，国有资本授权经营（*DID*）的回归系数显著为负，说明国有资本授权经营能够有效降低国有企业的政策性负担水平，从而提升国有企业的并购绩效，本书假设得到更充分的支持。

表 5-15　　　　国有资本授权经营对政策性负担的影响结果

变量名	(1)
	OverEmp
DID	−0.004**
	(−2.06)
Scale	−0.000
	(−0.95)
Size	−0.209***
	(−160.67)
Lev	0.204***
	(39.65)
Roa	−0.001
	(−0.04)
CashFlow	−0.012*
	(−1.67)
Growth	−0.000
	(−0.02)

变量名	（1）
	OverEmp
Age	−0.017***
	（−4.33）
Board	−0.005
	（−1.10）
Indep	0.000***
	（2.89）
Dual	0.002
	（1.38）
OC	−0.002
	（−0.45）
GDP	−0.035
	（−0.69）
Constant	5.395***
	（171.00）
Year	Yes
Firm	Yes
Observations	2 577
R-squared	0.983

注：***、**、*分别表示1%、5%和10%的显著性水平，括号内为*T*值。

5.5.2 国有资本授权经营对高管机会主义行为的影响结果

前文分析认为，并购目标的选择和并购整合能力是企业并购绩效的重要影响因素（Palepu，1986；Ahuja and Katila，2001；逯东等，

2019），而国有企业高管所具有的"经理人＋政府官员"双重属性会助推国有企业管理层为应对绩效考核和政治晋升的双重压力，同时因并购在促进企业快速增长方面具备一定的潜在优势（姜付秀等，2009），它们会进行频繁的无效率的并购，而且忽视了并购后的整合。这种带有机会主义色彩的并购不利于国有企业的并购绩效。因此，国有资本授权经营应通过抑制高管机会主义行为来减少国有企业的无效并购和提升国有企业的并购整合能力。前面已经证实了国有资本授权经营能够减少国有企业的无效并购和提升国有企业的并购整合能力，为了更细致地探究国有资本授权经营影响国有企业并购绩效的机制路径，本书进一步考察国有资本授权经营能否抑制国有企业高管的机会主义行为。

为了考察国有资本授权经营对高管机会主义行为的影响，本书借鉴 Ang 等（2000）、罗进辉等（2017）、肖土盛和孙瑞琦（2021）的做法，采用经营费用率来衡量高管机会主义行为（*Agency*），经营费用率等于销售费用与管理费用之和与营业收入之商。高管机会主义行为（*Agency*）数值越大，表明公司高管机会主义行为问题越严重。

表 5-16 列示了国有资本授权经营对高管机会主义行为的影响结果。从表中可知，国有资本授权经营（*DID*）的回归系数显著为负，说明国有资本授权经营能够有效抑制国有企业高管的机会主义行为，从而提升国有企业的并购绩效，本书假设得到更充分的支持。

表5-16　　国有资本授权经营对高管机会主义行为的影响结果

变量名	（1）
	Agency
DID	−0.005*
	（−1.77）

变量名	（1）
	Agency
Scale	−0.000
	(−1.31)
Size	−0.009***
	(−4.50)
Lev	−0.023***
	(−2.89)
Roa	−0.150***
	(−6.93)
CashFlow	−0.034***
	(−3.14)
Growth	−0.014***
	(−8.46)
Age	−0.007
	(−1.15)
Board	−0.017**
	(−2.29)
Indep	−0.000**
	(−2.29)
Dual	−0.003
	(−0.98)
OC	−0.003
	(−0.46)

变量名	（1）
	Agency
GDP	0.044
	（0.58）
Constant	0.366***
	（7.74）
Year	Yes
Firm	Yes
Observations	2 577
R-squared	0.167

注：***、**、*分别表示1%、5%和10%的显著性水平，括号内为 *T* 值。

5.6 本章小结

本章是在第4章基础上的进一步研究。在第4章，本书验证了国有资本授权经营对国有企业并购绩效的影响，本章则详细探究了国有资本授权经营影响企业并购绩效的作用机制。并购活动是一个复杂的管理过程，涉及多个环节和事项，从并购目标审慎的选择，到并购后高效的合并与整合，都是影响并购成功与否的重要因素（Palepu，1986；逯东等，2019）。而并购绩效则反映了并购这一行为过程所带来的经济影响。现有研究发现，政府干预和高管机会主义行为可能引发国有企业在并购目标选择和资源整合阶段的不当行为，从而损害最终的并购绩效（逯东等，2019；何瑛等，2022；马勇等，2022）。基于理论分析与研究假设，本章分别从并购目标选择和并购整合能力视角深入研究国有资本授权经营影响企业并购绩效的作用机制。

本章以国有上市公司的并购交易事件作为研究对象，利用准自然实验的方法，实证考察国有资本授权经营对企业并购绩效影响的机制路径，获得如下发现：

第一，并购目标选择在国有资本授权经营影响企业并购绩效的关系中发挥了部分中介作用。国有资本授权经营体制改革缓解了国有企业的政府干预问题和高管机会主义行为问题，能够促使国有企业在选择并购目标时更为谨慎，减少国有企业的无效并购，最终提高国有企业的并购绩效。

第二，并购整合能力在国有资本授权经营影响企业并购绩效的关系中发挥了部分中介作用。国有资本授权经营体制改革缓解了国有企业的政府干预问题和高管机会主义行为问题，能够促使国有企业更注重并购整合过程中的管理，积极处理并购中可能会发生的各类情况，提升并购整合质量，最终实现国有企业并购绩效的提升。

第三，国有资本授权经营能够缓解国有企业的政策性负担和高管机会主义行为问题，从而更进一步地支持本书的研究假设。

6

国有资本授权经营、国有企业并购绩效及其经济后果

第4章研究发现，国有资本授权经营能够提升企业并购绩效，那么，国有资本授权经营提升的并购绩效会对国有企业未来发展产生什么样的影响？这一问题值得深入讨论。国有企业是中国特色社会主义的重要物质基础和政治基础，党的十八大以来，我国的国有企业改革取得了举世瞩目的成就。如何在坚持守正创新的基础上持续深化推动国资国企改革，进而充分发挥国有企业的引领和带动作用？首先需要明确未来国有企业的改革方向与目标。党的二十大报告明确提出深化国资国企改革的要求，"深化国资国企改革……推动国有资本和国有企业做强做优做大，提升企业核心竞争力。"本书基于党的二十大对国有企业提出的现实要求，从提升企业核心竞争力和化解过剩产能角度考察国有资本授权经营改革带来的增量并购绩效，是否能够提升国有企业竞争力和产能利用率。

本章在前述章节的基础上，考察了国有资本授权经营提升的企业并购绩效会对国有企业未来发展产生什么样的影响。首先，本章从国有企业竞争力视角出发，考察国有资本授权经营提升企业并购绩效对国有企业竞争力的影响。其次，从国有资本布局优化视角出发，考察国有资本授权经营提升企业并购绩效对国有企业产能利用率的影响。在此基础上，还进行了一系列稳健性检验来确保本章研究结论的可靠性。

6.1　理论分析与研究假设

6.1.1　提高企业竞争力

并购重组是政策制定者们实现国有企业改革目标的一个重要抓手，在当前我国积极推进国资监管改革来"做强做优做大"国有经济的背景下，应该认识到国有企业的并购不仅仅是简单的企业合并，而是应当将其视为一个战略机会，以不断提升企业的竞争力。企业竞争力是支撑企业参与国内和国际市场竞争的重要能力，更是我国经济实现更高质量发展的微观基础，为实现经济的可持续增长和国际竞争力的提升提供了关键支持。因此，有必要进一步考察国有资本授权经营体制改革带来的并购绩效的提升能否有助于企业竞争力的提升。国资委主任张玉卓强调，国有企业核心竞争力的提高，要突出四个关键词：人才、科技、效率和品牌。周绍妮等（2020）、陈海东和吴志军（2022）和张佳佳（2023）也指出人才、技术创新、要素配置效率等被视为企业成长的重要内生性动力，同时也是构成企业竞争力的核心元素。在这一背景下，企业并购作为一项重要的战略举措，被认为是培育和强化企业核心竞争力的关键途径之一（蒋冠宏，2021）。首先，企业并购后的规模扩张通常伴随着规模经济效应和协同效应的实现，这将引发企业对高技能和知识密集型人才的需求增加。这类人才的涌入不仅扩充了企业的人才库，还为企业提供了关键的资源，从而推动了企业竞争力的提高。其次，已有研究发现，并购能够促进企业创新（Ahuja and Katila，2001；Guadalupe et al.，2012；Denicolo and Polo，2018）。一方面，基于并购协同效应，通过并购重组，企业有望引入异质性的技术、人才和管理要素等无形资产，增加其知识存量（陈爱贞和张鹏飞，2019），企业对这些研发资源和核心技术进行整合，可以进一步地促进研发规模效应和创新协调效应的形成，提高企业的创新效率，从而增加企业竞争力（Prabhu et al.，2005；Lerner et al.，2011）；另一方面，基于并购规模效应，企业无疑会从并购活动中获益，并购扩大了企业的规模，能够降低单位产品的研发成本，并减少研发风险，这将有助于企业主动提高研发水平（任曙明等，2017），从而提升其竞争力。最后，要素配置效率也是影响国有企业竞争力的重要因素之一（陈海东和吴志军，2022），而并购，尤其是能够发挥协同效应的并购，能够显著提升企业的资源配置效率（Maksimovic and Phillips，2001；

Devos et al.，2009；Maksimovic et al.，2013；刘莉亚等，2018；蒋冠宏，2021；蒋冠宏，2022）。并购的协同效应能够将技术知识、人才和管理经验等无形资产逐步整合，一方面，这种整合能够增加并购企业的知识存量，产生知识协同效应，有助于提升企业的生产率和资源配置效率（Stiebale and Vencappa，2018）；另一方面，这种整合还有助于推动产品规模经济或范围经济效应的发挥，从而提高盈利水平，形成财务协同效应，进一步增强企业的整体竞争实力。以上结论的成立都取决于并购整体的质量，而国有资本授权经营体制改革能够实现企业并购绩效的提升，实现高质量的并购，进而能够扩充国有企业的人才库、促进国有企业技术创新和提升国有企业要素配置效率，达到提升国有企业竞争力的目的。

综合以上分析，本书提出如下研究假设：

H6.1：国有资本授权经营提高并购绩效能够有助于国有企业竞争力的提升。

6.1.2　化解产能过剩

国有资本投资、运营公司作为"管资本"的平台，肩负着国有资本市场化运作和国有企业改革发展的重任（刘纪鹏等，2020），理应牢牢把握"国有资本流动重组、布局调整的有效平台"的定位，围绕优化布局和结构调整等使命任务发挥作用。所以，本书进一步检验国有资本授权经营导致的并购绩效的提升能否发挥推动国有经济布局优化的"助推器"作用，尽快淘汰和化解落后产能和过剩产能，以促进国有资本的有效配置和产业整合，进而实现产业结构的优化和资源的高效利用。并购重组作为微观企业的一项重要的战略手段，在快速获取资源实现企业扩张方面具有优势，在资源再配置方面发挥重要作用，有助于推动生产要素的自由流动（Andrade and Stafford，2001；

Golubov et al.，2012；李善民等，2020），政策层面和实务界已经形成基本的共识，并购是化解过剩产能的重要手段（崔永梅和王孟卓，2016；巫岑和饶品贵，2022）。但上述分析成立的前提在于资源互补、规模经济与范围经济等并购协同效应的实现。然而，并购能否发挥资源互补、规模效应和协同效应，实际上受多方面因素的影响，包括并购的动机和并购后的整合质量等因素。这些因素在很大程度上决定了并购的结果，比如管理层自利动机和政府干预等都会导致并购的动机偏离获取并购协同效应、提升企业价值的初衷（姚益龙等，2014；Shi et al.，2017）；而并购后的深度整合能够为实现并购的协同效应创造条件（Bauer and Matzler，2014；王艳和阚铄，2014；Graebner et al.，2017；谢洪明等，2019）。国有资本授权经营体制改革能够缓解国有企业的政府干预和管理层机会主义行为等问题，提升国有企业的并购整合能力，充分发挥市场机制的作用，通过并购降低企业的退出壁垒和实现更有效的资源配置，剥离落后产能和提高产能利用率。因此，国有资本授权经营体制改革有助于并购切实发挥协同效应，释放并购红利，实现"1+1>2"的并购目标，化解产能过剩。

综合以上分析，本书提出如下研究假设：

H6.2：国有资本授权经营提高并购绩效能够有助于国有企业化解产能过剩。

6.2　研究设计

6.2.1　样本选取与数据来源

本章主要关注的是国有资本授权经营提升企业并购绩效会带来哪些经济后果，因此在样本选取方面与第 4 章基本保持一致，即仍然以

2010—2020年发生并购交易事件的沪深A股国有上市公司作为研究初始样本，因并购绩效的计算需要用到并购前两年和并购后两年的数据，本书实际研究样本期间为2008—2022年。本书以国有资本投资、运营公司的改革试点作为判断企业是否进行国有资本授权经营改革的重要标志，并以此作为本书样本的分组依据，将样本分为实验组和对照组。本书将进行了国有资本投资、运营公司改革试点的企业的下属上市公司作为实验组。并购样本的来源及筛选处理方法与第4章相同。

本章所使用的人均GDP数据来源于中经网统计数据库，企业竞争力计算所需的数据来源于国泰安数据库（CSMAR），其他的公司治理和公司财务数据均来源于国泰安数据库（CSMAR）。此外，为缓解极端值对本书分析结果的影响，本章对所有连续变量进行了上下1%水平的Winsorize缩尾处理。本章实证部分与前面章节相同，首先通过Excel软件对数据进行预处理，然后借助Stata17.0软件进行后续的实证检验。

6.2.2　模型设计

本章主要从企业竞争力和化解产能过剩两个角度探讨国有资本授权经营改革对企业并购绩效影响的经济后果。为验证国有资本授权经营改革带来的增量并购绩效能否提升企业竞争力，即本章的研究假设6.1，本书借鉴Kim等（2021）、饶品贵等（2022）、王艳等（2023）的方法，构建两阶段模型。首先，在第一阶段，用基准模型（4.1）分别拟合出企业并购经营绩效的拟合值（$\widehat{\Delta ROA}$）和企业并购市场绩效的拟合值（$\widehat{BHAR}$）。然后，在第二阶段，分别用企业并购经营绩效的拟合值（$\widehat{\Delta ROA}$）和企业并购市场绩效的拟合值（$\widehat{BHAR}$）作为解释变量构建如下模型（6.1）和模型（6.2），对企业竞争力这一经济后果进行检验：

$$\Delta EC_{[+2, +3]} = \alpha_0 + \alpha_1 \widehat{\Delta ROA} + \alpha_i Controls_{i, t} + \alpha_j Year + \alpha_k Firm + \varepsilon \quad (6.1)$$

$$\Delta EC_{[+2, +3]} = \gamma_0 + \gamma_1 \widehat{BHAR} + \gamma_2 Controls_{i, t} + \gamma_j Year + \gamma_k Firm + \varepsilon \quad (6.2)$$

模型（6.1）和（6.2）中，被解释变量 $\Delta EC_{[+2, +3]}$ 代表的是国有企业并购后 t+3 年的企业竞争力与并购后 t+2 年的企业竞争力之差，解释变量是第一阶段对模型（4.1）进行回归估计取得的企业并购绩效拟合值，分别为企业并购经营绩效的拟合值（$\widehat{\Delta ROA}$）和企业并购市场绩效的拟合值（$\widehat{BHAR}$）。Controls 为控制变量，与第4章模型（4.1）中的控制变量一致，此处不再赘述。同时，本书还控制了年份固定效应和公司固定效应。模型（6.1）中解释变量的估计系数 α_1 和模型（6.2）中解释变量的估计系数 γ_1 反映了国有资本授权经营改革在提升国有企业并购绩效后对国有企业未来竞争力的影响效果。如果 α_1 和 γ_1 大于 0，代表国有资本授权经营改革在促进国有企业并购绩效提升后能够提高国有企业的竞争力；如果 α_1 和 γ_1 小于 0，则代表国有资本授权经营改革在促进国有企业并购绩效提升后并不能够提高国有企业的竞争力。结合前文的理论分析与研究假设，本书预期模型（6.1）和模型（6.2）的解释变量的估计系数 α_1 和 γ_1 将大于 0。

为验证国有资本授权经营改革带来的增量企业并购绩效能否有助于化解产能过剩，即本章的研究假设 6.2，本书借鉴 Kim 等（2021）、饶品贵等（2022）、王艳等（2023）的方法，构建两阶段模型。首先，在第一阶段，用基准模型（4.1）分别拟合出企业并购经营绩效的拟合值（$\widehat{\Delta ROA}$）和企业并购市场绩效的拟合值（$\widehat{BHAR}$）。然后，在第二阶段，分别用企业并购经营绩效的拟合值（$\widehat{\Delta ROA}$）和企业并购市场绩效的拟合值（$\widehat{BHAR}$）作为解释变量构建如下模型（6.3）和模型（6.4），对化解产能过剩这一经济后果进行检验：

$$\Delta CU_{[+2, +3]} = \delta_0 + \delta_1 \widehat{\Delta ROA} + \delta_i Controls_{i, t} + \delta_j Year + \delta_k Firm + \varepsilon \qquad (6.3)$$

$$\Delta CU_{[+2, +3]} = \varphi_0 + \varphi_1 \widehat{BHAR} + \varphi_2 Controls_{i, t} + \varphi_j Year + \varphi_k Firm + \varepsilon \qquad (6.4)$$

模型（6.3）和（6.4）中，被解释变量 $\Delta CU_{[+2, +3]}$ 代表的是国有企业并购后 t+3 年的产能利用率与并购后 t+2 年的产能利用率之差，解释变量是第一阶段对模型（4.1）进行回归估计取得的企业并购绩效拟合值，分别为企业并购经营绩效的拟合值（$\widehat{\Delta ROA}$）和企业并购市场绩效的拟合值（$\widehat{BHAR}$）。Controls 为控制变量，与第 4 章模型（4.1）中的控制变量一致，此处不再赘述。同时，本书还控制了年份固定效应和公司固定效应。模型（6.3）中解释变量的估计系数 δ_1 和模型（6.4）中解释变量的估计系数 φ_1 反映了国有资本授权经营改革在提升国有企业并购绩效后对国有企业产能利用率的影响效果。如果 δ_1 和 φ_1 均大于 0，代表国有资本授权经营改革在促进国有企业并购绩效提升后能够提高国有企业的产能利用率，化解国有企业产能过剩问题；如果 δ_1 和 φ_1 均小于 0，则代表国有资本授权经营改革在促进国有企业并购绩效提升后并不能够提升国有企业的产能利用率。结合前文的理论分析与研究假设，本书预期模型（6.3）和模型（6.4）的解释变量的估计系数 δ_1 和 φ_1 将大于 0。

6.2.3 变量定义

（1）被解释变量

模型（6.1）和（6.2）中的被解释变量衡量的是企业未来竞争力的变化（$\Delta EC_{[+2, +3]}$）。目前，对企业竞争力指标衡量的方式众多，有嫡权法、因子分析法、加权平均法等方法，其中以金碚（2003）提出的中国企业竞争力测度体系影响最为广泛，该方法综合考虑了规模因素、增长因素和效率因素。本书借鉴金碚（2003）、潘艺和张金昌

（2023）的做法，对规模因素、增长因素和效率因素指标进行加权平均，再予以标准化处理，构建企业竞争力指标。此外，由于效率子因素中的出口收入占比指标所占权重较低，出口收入占销售收入比重对企业竞争力解释力较低（李钢，2004），且限于数据获取的局限性，本书参考张旭等（2010）的做法剔除了该指标。企业竞争力指标体系中每部分的具体指标和对应权重参见表6-1。企业竞争力（EC）是个正向指标，该指标越高，代表企业竞争力越强。所以 $\Delta EC_{[+2, +3]}$ 也是个正向指标，$\Delta EC_{[+2, +3]}$ 为正，表明国有企业并购后t+3年度的企业竞争力相比国有企业并购后t+2年的企业竞争力有所提升。

表6-1　　　　　　　　企业竞争力评价指标构建表

因素	指标名称	指标权重（%）	变量释义
规模因素	销售收入	20	国泰安数据库
	净利润	11	国泰安数据库
	净资产	16	国泰安数据库
增长因素	营业收入增长率（3年期）	17	（当期营业收入/3期平均营业收入）^1/3-1
	净利润增长率（3年期）	14	（当期净利润/3期平均净利润）^1/3-1
效率因素	净资产利润率	8	当期净利润与净资产的比值
	总资产贡献率	8	当期净利润与总资产的比值
	全员劳动效率	6	营业收入与员工总数的比值
综合指标	企业竞争力		由上述各财务指标加权汇总得出

模型（6.3）和模型（6.4）中的被解释变量衡量的是企业未来产能利用率的变化（$\Delta CU_{[+2, +3]}$）。目前对于产能利用率指标的衡量分

为宏观、中观和微观层面，因本书的研究样本是微观企业，所以采用微观层面来衡量产能利用率。关于微观企业层面产能利用率的指标刻画目前并不存在统一的测度方法，成本函数法（Berndt and Morrison，1981；余淼杰等，2018）、数据包络分析法（张少华和蒋伟杰，2017；包群等，2017）、峰值法（Garcia and Newton，1995）等方法现有研究中都有使用，应用相对较多的方法是国务院发展研究中心课题组（2015）采用的超越对数成本函数法和李雪松等（2017）采用的随机前沿生产函数法。考虑到成本函数法在模型参数的计算中需要确定企业各项投入的取值，而这些取值都需要一一进行推算，所需的基础数据较多。另外，产出前沿面从生产角度来确定更为直接，因此本书参考李雪松等（2017）的做法，采用随机前沿生产函数法来测度样本国有企业的实际产出和前沿产出，随机前沿生产面用企业的营业收入、总资产和企业员工人数来构建，实际产出与前沿产出的比值即为企业的产能利用率。

具体地，首先，按照随机前沿生产函数法确定一个生产函数形式，如下模型（6.5）即为随机前沿生产函数法的一般模型：

$$Y_{i,t} = f(X_{i,t}, \beta) + \upsilon_{i,t} - \mu_{i,t} \tag{6.5}$$

其中，$f(X_i, \beta)$ 为随机前沿函数，β 为待估计系数的系数向量，$\upsilon_{i,t}$ 是随机误差项，$\mu_{i,t}$ 是非技术效率损失误差项，非技术效率损失误差项越小，代表产能利用率越高。

其次，本书参考李雪松等（2017）的方法，产能利用率等于实际产出与前沿产出的比值，即构建如下模型（6.6）：

$$CU = \frac{E[f(X_{i,t}, \beta) + \upsilon_{i,t} - \mu_{i,t}]}{E[f(X_{i,t}, \beta) + \upsilon_{i,t} - \mu_{i,t}|\mu_{i,t} = 0]} = e^{-\mu_{i,t}} \tag{6.6}$$

最后，函数 $f(X_i, \beta)$ 用柯布道格拉斯生产函数来设定，将柯布道格拉斯生产函数代入到模型（6.6）中，即可测算出产能利用率

（CU），柯布道格拉斯生产函数如模型（6.7）所示：

$$LnY_{i,t} = \alpha_0 + \alpha_1 LnK_{i,t} + \alpha_2 LnL_{i,t} + \upsilon_{i,t} - \mu_{i,t} \tag{6.7}$$

其中，Y 为总产出，用企业营业收入衡量，K 为资本投入，用企业总资产衡量，L 为劳动力投入，用企业员工人数来衡量。

产能利用率（CU）是个正向指标，该指标越高，代表企业产能过剩问题越不严重。所以 $\Delta CU_{[+2, +3]}$ 也是个正向指标，$\Delta CU_{[+2, +3]}$ 为正，表明国有企业并购后 t+3 年度的企业产能利用率相比国有企业并购后 t+2 年度的企业产能利用率有所提升。

此外，为确保研究结论的稳健性，针对模型（6.1）和模型（6.2），本书在稳健性检验部分中还借鉴周绍妮等（2020）的做法，用勒纳指数的变动（$\Delta PCM_{[+2, +3]}$）来衡量企业竞争力的变动，作为（$\Delta EC_{[+2, +3]}$）的替代指标，对样本重新进行检验。针对模型（6.3）和模型（6.4），本书在稳健性检验部分中还根据国务院发展研究中心课题组（2015）的研究，用总资产周转率测度的产能利用率变化（$\Delta CU1_{[+2, +3]}$）来衡量企业的产能过剩情况，对样本进行再度检验，以确保研究结论的可靠性。

（2）解释变量

模型（6.1）、模型（6.2）、模型（6.3）和模型（6.4）中的解释变量是基准模型（4.1）拟合出的企业并购绩效的拟合值。其中，模型（6.1）和模型（6.3）的解释变量是企业并购经营绩效的拟合值（$\widehat{\Delta ROA}$），模型（6.2）和模型（6.4）的解释变量是企业并购市场绩效的拟合值（$\widehat{BHAR}$）。

（3）控制变量

本章主要从企业竞争力和化解产能过剩两个角度探讨国有资本授权经营改革对企业并购绩效影响的经济后果，内在的理论逻辑与第4章存在一致性，且本章模型是基于基准模型（4.1）的第二阶段检验，因此本章模型（6.1）、模型（6.2）、模型（6.3）和模型（6.4）在控制变量的选取方面也与第4章的控制变量保持一致。从企业并购交易特征、企业经营和财务特征、企业治理特征以及外部宏观环境特征四个方面选取相应的控制变量。具体包括：并购规模（*Scale*）、公司规模（*Size*）、财务杠杆（*Lev*）、盈利能力（*Roa*）、现金流比率（*CashFlow*）、公司成长性（*Growth*）、公司上市年限（*Age*）、董事会规模（*Board*）、独立董事比例（*Indep*）、两职合一（*Dual*）、高管过度自信（*OC*）和人均GDP（*GDP*）。

本书还进一步以表格的形式，对模型（6.1）、模型（6.2）、模型（6.3）和模型（6.4）中所涉及的被解释变量、解释变量以及控制变量进行归类整理，具体可参见表6-2。

表6-2　　　　　　　　　　**主要变量定义表**

变量类型	变量名称	变量符号	变量说明
被解释变量	企业竞争力	$\Delta EC_{[+2,\ +3]}$	基于表6-1计算得出的企业竞争力（*EC*），国有企业并购后t+3年的企业竞争力（*EC*）与并购后t+2年的企业竞争力（*EC*）之差
	布局优化	$\Delta CU_{[+2,\ +3]}$	基于产能利用率（*CU*），国有企业并购后t+3年的企业产能利用率（*CU*）与并购后t+2年的企业产能利用率（*CU*）之差
解释变量	企业并购绩效的拟合值	$\widehat{\Delta ROA}$	模型（4-1）以ΔROA为被解释变量时，拟合出的企业并购经营绩效的拟合值
		$\widehat{BHAR}$	模型（4-1）以*BHAR*为被解释变量时，拟合出的企业并购市场绩效的拟合值

变量类型	变量名称	变量符号	变量说明
控制变量	并购规模	*Scale*	并购交易金额的自然对数
	公司规模	*Size*	期末总资产的自然对数
	财务杠杆	*Lev*	资产负债率
	盈利能力	*Roa*	总资产收益率
	现金流比率	*CashFlow*	经营活动产生的现金流净额除以总资产
	公司成长性	*Growth*	营业收入增长率
	公司上市年限	*Age*	公司上市年数加1的自然对数
	董事会规模	*Board*	期末董事会总人数的自然对数
	独立董事比例	*Indep*	期末独立董事人数与期末董事会总人数的比值
	两职合一	*Dual*	虚拟变量。当董事长兼任总经理时，该值取1，否则取0
	高管过度自信	*OC*	公司前三位高管薪酬总和与所有高管薪酬总和的比值
	人均GDP	*GDP*	公司注册地所在省份的人均*GDP*

6.3 实证结果与分析

6.3.1 描述性统计

为了初步了解本书研究中涉及的变量的数据分布情况，本书首先对变量进行了描述性统计分析，表6-3是本章被解释变量、解释变量和控制变量的描述性统计分析结果。从表中可以发现，本章节的样本量为 2 364，少于前文第4章和第5章的样本量，这是因为被解释变量的测度涉及 t+3 年的企业表现情况，限于数据获取的局限性，2020年的样本未能获取到三年后的表现情况，导致样本数量为 2 364。被解释变量国有企业竞争力的变化（$\Delta EC_{[+2, +3]}$）的均值为 0.060，中位数为 0.015，标准差为 0.408，说明样本国有企业的竞争力有所提升。被解释变量国有企业产能利用率的变化（$\Delta CU_{[+2, +3]}$）的均值为 -0.004，中位数为 -0.001，标准差为 0.035，说明样本国有企业的产能利用率还有待进一步提高。国有企业产能利用率的变化（$\Delta CU_{[+2, +3]}$）的最小值为 -0.133，最大值为 0.114，表明样本国有企业之间存在一定差距。解释变量企业并购经营绩效的拟合值（$\widehat{\Delta ROA}$）和企业并购市场绩效的拟合值（$\widehat{BHAR}$）的均值分别为 -0.149 和 -0.048，中位数分别为 -0.201 和 -0.011。由于本章是建立在前文分析的基础上进一步讨论国有资本授权经营改革提升企业并购绩效会带来的经济后果，因此控制变量的选取与第4章保持一致。但因最终样本量的减少，导致控制变量的描述性统计结果与第4章略有出入，但整体还是较为一致的，在此不再赘述。

表6-3　　　　　　　　　**主要变量的描述性统计**

变量名	样本量	均值	标准差	最小值	中位数	最大值
$\Delta EC_{[+2, +3]}$	2 364	0.060	0.408	-13.985	0.015	3.563
$\Delta CU_{[+2, +3]}$	2 364	-0.004	0.035	-0.133	-0.001	0.114
$\widehat{\Delta ROA}$	2 364	-0.149	0.598	-1.616	-0.201	2.064
$\widehat{BHAR}$	2 364	-0.048	0.400	-1.191	-0.011	0.846
Scale	2 364	15.752	6.848	-0.400	18.042	25.102
Size	2 364	22.947	1.360	20.230	22.806	26.547
Lev	2 364	0.539	0.195	0.101	0.558	0.927

变量名	样本量	均值	标准差	最小值	中位数	最大值
Roa	2 364	0.039	0.044	−0.108	0.033	0.183
CashFlow	2 364	0.043	0.071	−0.178	0.046	0.246
Growth	2 364	0.183	0.405	−0.522	0.116	2.732
Age	2 364	2.617	0.501	1.099	2.773	3.332
Board	2 364	2.210	0.194	1.609	2.197	2.708
Indep	2 364	0.372	0.054	0.300	0.333	0.571
Dual	2 364	0.105	0.307	0.000	0.000	1.000
OC	2 364	0.561	0.173	0.277	0.530	1.000
GDP	2 364	6.484	3.482	1.288	5.565	16.456

6.3.2　相关性分析

表6-4列示了模型（6.1）和模型（6.2）各主要变量的Pearson相关系数。从表中可以看出，企业并购经营绩效的拟合值（$\widehat{\Delta ROA}$）和企业并购市场绩效的拟合值（$\widehat{BHAR}$）之间的相关系数为0.157，且在1%水平上显著。企业并购经营绩效的拟合值（$\widehat{\Delta ROA}$）与国有企业竞争力的变化（$\Delta EC_{[+2, +3]}$）之间的相关系数为0.061，且在1%水平上显著。企业并购市场绩效的拟合值（$\widehat{BHAR}$）与国有企业竞争力的变化（$\Delta EC_{[+2, +3]}$）之间的相关系数为0.065，且在1%水平上显著，说明国有资本授权经营改革带来的增量企业并购绩效能够提升国有企业竞争力，初步支持本书的研究假设6.1。接下来，从各变量之间的相关系数来看，系数值都是小于0.5的，初步说明模型（6.1）和模型（6.2）中不存在严重的多重共线性问题。

表6-4　模型（6.1）和模型（6.2）主要变量相关性分析

变量	$\Delta EC_{(t2, t3)}$	ΔROA	$\overline{\text{BHAR}}$	Scale	Size	Lev	Roa	CashFlow	Growth	Age	Board	Indep	Dual	OC	GDP
$\Delta EC_{(t2, t3)}$	1														
ΔROA	0.061***	1													
$\overline{\text{BHAR}}$	0.065***	0.157***	1												
Scale	0.009	0.018	0.033*	1											
Size	0.233***	0.012	0.018	0.115***	1										
Lev	0.065***	0.046**	0.037**	0.026	0.421***	1									
Roa	0.070***	-0.218***	-0.207***	0.019	-0.030	-0.440***	1								
CashFlow	0.0120	0.039**	0.048***	0.014	0.042***	-0.182***	0.335***	1							
Growth	0.072***	-0.172***	-0.172***	0.004	0.014	0.054***	0.204***	0.011	1						
Age	-0.103***	-0.642***	-0.646***	0.033	0.110***	0.125***	-0.111***	-0.047***	-0.056***	1					
Board	-0.0240	0.063***	0.064***	-0.004	0.201***	0.060***	0.052***	0.098***	0.010	-0.077***	1				
Indep	0.052***	0.021	0.023	0.034	0.125***	0.071***	-0.095***	-0.060***	-0.055***	0.071***	-0.385***	1			
Dual	-0.0250	-0.004	-0.010	0.004	-0.028	0.018	0.005	0.014	0.002	-0.02	-0.057***	0.050**	1		
OC	-0.048**	-0.109***	-0.101***	-0.045**	-0.198***	-0.110***	-0.002	0.014	0.019	0.123***	-0.196***	0.065***	-0.046**	1	
GDP	0.070***	-0.183***	-0.170***	0.048**	0.209***	-0.072***	0.055***	-0.012	-0.040*	0.172***	-0.119***	0.066***	0.029	0.078***	1

注：表中为Pearson检验系数，***、**、*分别表示1%、5%和10%的显著性水平。

表 6-5 列示了模型（6.3）和模型（6.4）各主要变量的 Pearson 相关系数。从表中可以看出，企业并购经营绩效的拟合值（$\widehat{\Delta ROA}$）和企业并购市场绩效的拟合值（$\widehat{BHAR}$）之间的相关系数为 0.157，且在 1% 水平上显著。企业并购经营绩效的拟合值（$\widehat{\Delta ROA}$）与国有企业产能利用率的变化（$\Delta CU_{[+2,\ +3]}$）之间的相关系数为 0.011，但是系数不显著。企业并购市场绩效的拟合值（$\widehat{BHAR}$）与国有企业产能利用率的变化（$\Delta CU_{[+2,\ +3]}$）之间的相关系数为 0.045，且在 5% 水平上显著，说明国有资本授权经营改革带来的增量并购绩效能够促进国有企业产能利用率的提升，初步支持本书的研究假设 6.2。接下来，从各变量之间的相关系数来看，系数值都是小于 0.5 的，初步说明模型（6.3）和模型（6.4）中不存在严重的多重共线性问题。

6.3.3　多元回归结果分析

在前述分析的基础上，为验证本书的研究假设 6.1，本部分对模型（6.1）和模型（6.2）进行实证检验。表 6-6 是国有资本授权经营改革带来的增量企业并购绩效对企业竞争力影响的回归结果。第（1）和第（2）列的解释变量分别为企业并购经营绩效的拟合值（$\widehat{\Delta ROA}$）和企业并购市场绩效的拟合值（$\widehat{BHAR}$）。从回归结果中可以看出，企业并购经营绩效的拟合值（$\widehat{\Delta ROA}$）和企业并购市场绩效的拟合值（$\widehat{BHAR}$）的估计系数分别为 0.503 和 0.465，且都在 5% 水平上显著，说明国有资本授权经营改革在促进国有企业并购绩效后能够提升国有企业的竞争力，实证结果支持本书的研究假设 6.1。

表6-5　　模型（6.3）和模型（6.4）主要变量相关性分析

变量	ΔCU[+2,+3]	ΔROA	BHAR	Scale	Size	Lev	Roa	CashFlow	Growth	Age	Board	Indep	Dual	OC	GDP
ΔCU[+2,+3]	1														
ΔROA	0.011	1													
BHAR	0.045**	0.157***	1												
Scale	0.005	0.018	0.033*	1											
Size	-0.015	0.012	0.018	0.115***	1										
Lev	-0.007	0.046**	0.037*	0.026	0.421***	1									
Roa	-0.089***	-0.218***	-0.207***	0.019	-0.030	-0.440***	1								
CashFlow	-0.006	0.039***	0.048**	0.014	0.042**	-0.182***	0.335***	1							
Growth	-0.055***	-0.172***	-0.172***	0.004	0.014	0.054***	0.204***	0.011	1						
Age	0.011	-0.642***	-0.646***	0.033	0.110***	0.125***	-0.111***	-0.047***	-0.056***	1					
Board	-0.016	0.063***	0.064***	-0.004	0.201***	0.060***	0.052***	0.098***	0.010	-0.077***	1				
Indep	0.001	0.021	0.023	0.034	0.125***	0.071***	-0.095***	-0.060***	-0.055***	0.071***	-0.385***	1			
Dual	-0.024	-0.004	-0.010	0.004	-0.028	0.018	0.005	0.014	0.002	-0.02	-0.057**	0.050**	1		
OC	0.017	-0.109***	-0.101***	-0.045**	-0.198***	-0.110***	-0.002	0.014	0.019	0.123***	-0.196***	0.065***	-0.046**	1	
GDP	-0.036*	-0.183***	-0.170***	0.048**	0.209***	-0.072***	0.055***	-0.012	-0.040*	0.172***	-0.119***	0.066***	0.029	0.078***	1

注：表中为 Pearson 检验系数，***、**、*分别表示1%、5%和10%的显著性水平。

表6-6 　　国有资本授权经营改革带来的增量企业并购绩效
对企业竞争力影响的回归结果

变量名	（1）	（2）
	$\Delta EC_{[+2, +3]}$	$\Delta EC_{[+2, +3]}$
$\widehat{\Delta ROA}$	0.503**	
	(2.50)	
$\widehat{BHAR}$		0.465**
		(2.36)
Scale	−0.001	−0.001
	(−1.25)	(−1.27)
Size	−0.083***	0.039
	(−3.52)	(0.72)
Lev	−0.023	−0.252
	(−0.22)	(−1.45)
Roa	1.535**	0.274
	(2.46)	(0.86)
CashFlow	−0.172	0.013
	(−1.08)	(0.10)
Growth	0.076**	0.008
	(2.57)	(0.37)
Age	0.628***	0.171**
	(3.14)	(2.25)
Board	−0.130	−0.036
	(−1.39)	(−0.41)

变量名	（1）	（2）
	$\Delta EC_{[+2, +3]}$	$\Delta EC_{[+2, +3]}$
Indep	−0.008***	−0.004*
	(−3.07)	(−1.90)
Dual	0.021	−0.005
	(0.67)	(−0.17)
OC	0.047	−0.038
	(0.72)	(−0.47)
GDP	0.041***	0.048***
	(3.11)	(2.99)
Constant	0.825	−1.045
	(1.28)	(−0.85)
Year	Yes	Yes
Firm	Yes	Yes
Observations	2 364	2 364
R-squared	0.081	0.081

注：***、**、*分别表示1%、5%和10%的显著性水平，括号内为T值。

在前述分析的基础上，为验证本书的研究假设6.2，本部分对模型（6.3）和模型（6.4）进行实证检验。表6-7是国有资本授权经营改革带来的增量企业并购绩效对国有企业产能利用率影响的回归结果。第（1）和第（2）列的解释变量分别为企业并购经营绩效的拟合值（ΔROA）和企业并购市场绩效的拟合值（BHAR）。从回归结果中可以看出，企业并购经营绩效的拟合值（ΔROA）和企业并购市场绩效的拟合值（$\widehat{BHAR}$）的估计系数分别为0.049和0.043，且分别在5%和10%水平上显著，说明国有资本授权经营改革在促进国有企业并购绩效后能够促进国有企业产能利用率的提升，实证结果支持本书的研究假设6.2。

表6-7　　国有资本授权经营改革带来的增量企业并购绩效
对国有企业产能利用率影响的回归结果

变量	（1）	（2）
	$\Delta CU_{[+2, +3]}$	$\Delta CU_{[+2, +3]}$
$\widehat{\Delta ROA}$	0.049**	
	(2.03)	
$\widehat{BHAR}$		0.043*
		(1.70)
Scale	0.000	0.000
	(1.02)	(1.05)
Size	0.026***	0.013***
	(3.82)	(4.22)
Lev	−0.053**	−0.027*
	(−2.46)	(−1.91)
Roa	−0.122***	−0.016
	(−3.52)	(−0.21)
CashFlow	−0.021	−0.035*
	(−1.23)	(−1.73)
Growth	−0.013***	−0.007*
	(−4.75)	(−1.77)
Age	−0.009	0.029
	(−0.98)	(1.20)

变量	（1）	（2）
	$\Delta CU_{[+2, +3]}$	$\Delta CU_{[+2, +3]}$
Board	−0.039***	−0.047***
	(−3.45)	(−3.90)
Indep	−0.001**	−0.001***
	(−2.10)	(−2.85)
Dual	−0.005	−0.003
	(−1.24)	(−0.62)
OC	0.006	0.016*
	(0.61)	(1.84)
GDP	0.147	0.022
	(0.74)	(0.14)
Constant	−0.438***	−0.211***
	(−2.84)	(−2.62)
Year	Yes	Yes
Firm	Yes	Yes
Observations	2 364	2 364
R-squared	0.116	0.115

注：***、**、*分别表示1%、5%和10%的显著性水平，括号内为 T 值。

6.4 稳健性检验

为了进一步验证国有资本授权经营改革带来增量并购绩效能够提升国有企业竞争力和化解国有企业产能过剩，增强研究结论的可靠性，本章还从替换被解释变量的衡量方式角度再次进行实证检验。

本章主要从企业竞争力和缓解国有企业产能过剩两个角度探讨国有资本授权经营改革对企业并购绩效影响的经济后果，企业竞争力的变动和国有企业产能利用率的变动是本章的核心被解释变量。在基准回归模型（6.1）和模型（6.2）中，本书以金碚（2003）提出的中国企业竞争力测度体系为基准，测度企业竞争力的变动。为了增强本书研究结论的稳健性，缓解可能存在的测量误差问题，本书参考周绍妮等（2020）的研究，以勒纳指数的变动（$\Delta PCM_{[+2, +3]}$）来衡量企业竞争力的变动，对模型（6.1）和模型（6.2）进行重新回归。勒纳指数的计算参考Peress（2010）的做法，用（营业收入−营业成本−销售费用−管理费用）/营业收入来测度勒纳指数。勒纳指数（PCM）越大，代表企业的竞争力越强，所以$\Delta PCM_{[+2, +3]}$是个正向指标，$\Delta PCM_{[+2, +3]}$为正，表明国有企业并购后t+3年度的企业竞争力相比国有企业并购后t+2年的企业竞争力有所提升。

另外，在基准回归模型（6.3）和模型（6.4）中，本书采用随机前沿生产函数法测度的产能利用率。为了增强本书研究结论的稳健性，缓解可能存在的测量误差问题，参考国务院发展研究中心课题组（2015）的研究结果，因为总资产周转率和产能利用率高度相关，所以选用总资产周转率测度的产能利用率的变化（$\Delta CU1_{[+2, +3]}$）作为被解释变量，对模型（6.3）和模型（6.4）进行重新回归。

表6-8列示了替换企业竞争力变动的衡量指标后的回归结果，第（1）和（2）列的解释变量分别为企业并购经营绩效的拟合值（$\widehat{\Delta ROA}$）和企业并购市场绩效的拟合值（$\widehat{BHAR}$）。由表6-8可知，在改变了被解释变量企业竞争力变动的衡量方式后，解释变量企业并购经营绩效的拟合值（$\widehat{\Delta ROA}$）和企业并购市场绩效的拟合值（$\widehat{BHAR}$）的系数仍然显著为正。可见，替换被解释变量的衡量方式

并不会导致解释变量企业并购经营绩效的拟合值（$\widehat{\Delta ROA}$）和企业并购市场绩效的拟合值（$\widehat{BHAR}$）的系数和符号发生实质性变化，更进一步支持本书的研究假设6.1。

表6-8　　　　　　稳健性检验：替换企业竞争力衡量指标

变量名	(1)	(2)
	$\Delta PCM_{[+2, +3]}$	$\Delta PCM_{[+2, +3]}$
$\widehat{\Delta ROA}$	0.095**	
	(2.39)	
$\widehat{BHAR}$		0.129***
		(3.43)
Scale	−0.000	−0.000
	(−1.05)	(−1.08)
Size	0.022***	0.055***
	(5.00)	(5.39)
Lev	−0.031	−0.101***
	(−1.57)	(−3.20)
Roa	1.209***	0.977***
	(10.40)	(19.84)
CashFlow	−0.019	0.011
	(−0.60)	(0.45)
Growth	0.011*	−0.003
	(1.93)	(−0.83)
Age	0.100***	0.014
	(2.59)	(1.07)

变量名	（1）	（2）
	$\Delta PCM_{[+2, +3]}$	$\Delta PCM_{[+2, +3]}$
Board	0.014	0.033*
	（0.77）	（1.95）
Indep	−0.001*	−0.000
	（−1.88）	（−0.48）
Dual	0.012*	0.007
	（1.85）	（1.09）
OC	0.007	−0.019
	（0.55）	（−1.21）
GDP	0.008**	0.012***
	（2.39）	（3.35）
Constant	−0.795***	−1.363***
	（−6.60）	（−5.92）
Year	Yes	Yes
Firm	Yes	Yes
Observations	2 364	2 364
R-squared	0.258	0.260

注：***、**、*分别表示1%、5%和10%的显著性水平，括号内为 T 值。

表6-9列示了替换国有企业产能利用率衡量指标后的回归结果，第（1）和（2）列的解释变量分别为企业并购经营绩效的拟合值（$\widehat{\Delta ROA}$）和企业并购市场绩效的拟合值（$\widehat{BHAR}$）。由表6-9可知，在改变了被解释变量企业产能利用率变动的衡量方式后，解释变量企业并购经营绩效的拟合值（$\widehat{\Delta ROA}$）和企业并购市场绩效的拟合值

（$\widehat{BHAR}$）的系数仍然显著为正，说明国有资本授权经营改革带来的增量企业并购绩效能够促进国有企业产能利用率的提升。可见，替换被解释变量的衡量方式并不会导致解释变量企业并购经营绩效的拟合值（$\widehat{\Delta ROA}$）和企业并购市场绩效的拟合值（$\widehat{BHAR}$）的系数和符号发生实质性变化，更进一步支持本书的研究假设6.2。

表6-9　　稳健性检验：替换国有企业产能利用率衡量指标

变量名	(1)	(2)
	$\Delta CU1_{[+2, +3]}$	$\Delta CU1_{[+2, +3]}$
$\widehat{\Delta ROA}$	0.392***	
	(3.43)	
$\widehat{BHAR}$		0.405***
		(3.39)
Scale	0.001	0.001
	(1.07)	(1.03)
Size	0.071***	0.171***
	(5.25)	(5.53)
Lev	−0.164***	−0.353***
	(−2.76)	(−3.69)
Roa	0.975***	−0.042
	(2.77)	(−0.28)
CashFlow	−0.321***	−0.174**
	(−3.39)	(−2.26)
Growth	0.017	−0.039***
	(0.98)	(−3.39)

变量名	（1）	（2）
	$\Delta CUI_{[+2, +3]}$	$\Delta CUI_{[+2, +3]}$
Age	0.343***	−0.024
	（2.94）	（−0.59）
Board	−0.226***	−0.149***
	（−4.09）	（−2.87）
Indep	−0.005***	−0.002
	（−3.24）	（−1.52）
Dual	0.005	−0.017
	（0.23）	（−0.90）
OC	0.056	−0.016
	（1.45）	（−0.34）
GDP	1.140	1.819**
	（1.47）	（1.97）
Constant	−1.662***	−3.220***
	（−4.53）	（−4.60）
Year	Yes	Yes
Firm	Yes	Yes
Observations	2 364	2 364
R-squared	0.088	0.089

注：***、**、*分别表示1%、5%和10%的显著性水平，括号内为 T 值。

6.5 本章小结

本章在第4章的基础上，从经济后果的角度，进一步考察国有资本授权经营提升的国有企业并购绩效会对国有企业未来发展产生什么影响。具体地说，就是从国有企业竞争力和化解国有企业产能过剩两个维度进行研究。

本章借鉴 Kim et al.（2021）、饶品贵等（2022）、王艳等（2023）的方法，构建两阶段模型以考察国有资本授权经营提升的并购绩效对未来国有企业竞争力和国有企业产能过剩的影响，获得如下发现：

第一，国有资本授权经营体制改革带来的增量并购绩效有助于提升国有企业竞争力。人才、技术创新、要素配置效率等被视为企业成长的重要内生性动力，同时也是构成企业竞争力的核心元素。而高质量的并购能够为企业扩充人才库、促进企业技术创新和提升企业要素配置效率。因此，国有资本授权经营体制改革带来的企业并购绩效的提升能够助力于国有企业竞争力的提升。

第二，国有资本授权经营体制改革带来的增量并购绩效有助于国有企业化解产能过剩。并购是化解过剩产能的重要手段，但上述论断成立的前提是资源互补、规模经济与范围经济等并购协同效应的实现。国有资本授权经营体制改革能够缓解国有企业的政府干预和管理层机会主义行为等问题，提升国有企业的并购整合能力，有助于并购切实发挥协同效应，释放并购红利，实现"1+1>2"的并购目标，化解产能过剩。

研究结论、政策建议与不足

本章首先在前文理论分析与实证检验的基础上，总结国有资本授权经营对国有企业并购绩效的影响效应、作用机制和经济后果的研究结论；其次，围绕上述研究结论，分别从政府层面和国有企业层面提出相应的政策建议；最后，总结阐述目前尚存在的研究局限和不足，并对未来的研究内容进行了展望。

7.1　研究结论

本书探究了国有资本授权经营对国有企业并购绩效的影响效应、作用机制与经济后果。具体而言，本书结合我国的制度背景以及国有资本授权经营经济后果与企业并购绩效影响因素的研究成果，在出资者财务理论、产权理论以及有效管理幅度理论等理论基础上，对国有资本授权经营与企业并购绩效之间的关系进行了理论分析，并以2010—2020年沪深A股国有上市公司的并购交易事件作为研究对象，利用准自然实验的方法，实证考察国有资本授权经营对企业并购绩效的具体影响。最终，本书得到以下主要结论（见表7-1）：

表 7-1　　　　　　　　　　**本书主要研究结论**

所属章节	研究假设	研究视角			实证结果
4　国有资本授权经营对国有企业并购绩效的影响	H4.1：国有资本授权经营能够显著提高国有企业的并购绩效	总体效应			+显著
		进一步研究	基于国有资本授权经营体制本身	国有资本授权经营改革试点力度的影响	+显著
				国资监管职能转变程度的影响	+显著

所属章节	研究假设	研究视角			实证结果
4 国有资本授权经营对国有企业并购绩效的影响	H4.1：国有资本授权经营能够显著提高国有企业的并购绩效	进一步研究	基于国有资本授权经营体制本身	两类公司功能定位的影响	没有显著差异
			异质性分析	基于企业所属层级	地方国有企业（+显著）
				行业性质	竞争行业（+显著）
				管理层权力大小	管理层权力小（+显著）
				外部制度环境	外部制度环境较好（+显著）
5 国有资本授权经营影响国有企业并购绩效的机制分析	H5.1：国有资本授权经营能够减少国有企业的无效并购	总体效应			- 显著
	H5.2：国有资本授权经营能够提高国有企业的并购整合能力	总体效应			+ 显著
		进一步研究	政府干预		- 显著
			管理层机会主义行为		- 显著

所属章节	研究假设	研究视角	实证结果
6 国有资本授权经营、企业并购绩效及其经济后果	H6.1：国有资本授权经营提高并购绩效能够有助于国有企业竞争力的提升	总体效应	+ 显著
	H6.2：国有资本授权经营提高并购绩效能够有助于国有企业化解产能过剩	总体效应	+ 显著

首先，本书以国有资本投资、运营公司设立作为研究场景，以国有上市公司并购交易事件作为研究对象，采用多时点DID的研究方法，研究国有资本授权经营是否会对企业并购绩效产生影响。研究发现，国有资本授权经营一方面能够推动政企分离，减少政府干预，将经营自主权归还给企业，激发企业活力；另一方面能够确保所有者到位，通过内部治理和外部监管双管齐下，有效约束管理层的机会主义行为，从而减轻政府干预和管理层机会主义行为对国有企业并购绩效的不良影响，最终实现并购经营绩效和并购市场绩效的提升。针对国有资本授权经营体制进行进一步研究发现：第一，国有资本授权经营试点改革力度越大，对国有企业并购绩效的提升作用也越大。第二，国资监管职能转变程度越大，相应的对国有企业并购绩效的提升作用也越大。第三，国有资本投资公司和国有资本运营公司的并购绩效对国有资本授权经营改革的反应并没有明显

差异，这可能是因为本书的国有资本投资、运营公司下属的上市公司样本比较少，不能很好地显现出两类公司功能定位导致的治理效果差异；也可能是因为国有资本授权经营对企业并购绩效的良性治理主要是依靠授权放权发挥作用，而授权放权并不会因两类公司功能定位而产生实质性差异，所以导致两类公司的功能定位并没有对国有资本授权经营改革与企业并购绩效的关系起到明显的调节作用。基于企业所属层级、行业性质、管理层权力大小和外部制度环境的不同，进一步考察国有资本授权经营改革对国有企业并购绩效影响的差异，可以发现：第一，按照企业所属层级可以将国有企业分为中央国有企业和地方国有企业，国有资本授权经营对国有企业并购绩效的影响在地方国有企业更为显著。第二，按照企业所属行业性质可以将国有企业分为垄断性国有企业和竞争性国有企业，国有资本授权经营对国有企业并购绩效的提升作用在竞争性国有企业更为显著。第三，按照企业本身管理层权力的大小可以将国有企业分为管理层权力大的国有企业和管理层权力小的国有企业，国有资本授权经营对国有企业并购绩效的提升作用在管理层权力小的国有企业更为显著。第四，国有资本授权经营对国有企业并购绩效的提升作用在外部制度环境较好的地区更为显著。

其次，本书从并购目标选择和并购整合能力角度考察了国有资本授权经营影响企业并购绩效的作用机制。研究发现：第一，在国有资本授权经营对国有企业并购绩效的影响中，并购目标选择发挥了部分中介作用。国有资本授权经营体制改革缓解了国有企业的政府干预问题和高管机会主义行为问题，促使国有企业更为谨慎地选择并购目标，减少国有企业的无效并购，最终提高国有企业的并购绩效。第二，在国有资本授权经营对国有企业并购绩效的影响中，并购整合能力发挥了部分中介作用。国有资本授权经营体制改革缓解了国有企业的政府干预问题和高管机会主义行为问题，能够促使国有企业更注重并购整合过程中的管理问题，积极处理并购中可能会发生的各类情况，提升并购整合质量和并购绩效。第三，政府干预和高管机会主义行为可能引发国有企业在并购目标选择和资源整合阶段的不当行为，从而损害最终的并购绩效，而本书检验发现国有资本授权经营能够缓解国有企业的政策性负担和高管机会主义行为问题，进一步支持本书的结论。

最后，本书还从经济后果的视角探究了国有资本授权经营提升的企业并购绩效会对国有企业未来发展产生什么样的影响。具体来说，从国有企业竞争力和化解产能过剩两个维度进行研究。研究发现：第一，国有资本授权经营体制改革带来的增量并购绩效有助于提升国有企业竞争力。人才、技术创新、要素配置效率等被视为企业成长的重要内生性动力，同时也是构成企业竞争力的核心元素。而高质量的并购能够为企业扩充人才库、促进企业技术创新和提升企业要素配置效率。因此，国有资本授权经营体制改革带来的企业并购绩效的提升有助力于提升国有企业竞争力。第二，国有资本授权经营体制改革带来的增量并购绩效有助于国有企业化解产能过剩。并购是化解过剩产能的重要手段，但前提在于资源互补、规模经济与范围经济等并购协同效应的实现。国有资本授权经营体制改革能够缓解国有企业面临的政府干预和管理层机会主义行为等问题，提升国有企业的并购整合能力，有助于并购切实发挥协同效应，释放并购红利，实现"1+1>2"的并购目标，化解产能过剩。

7.2 政策建议

7.2.1 政府层面

（1）应当进一步深化以"管资本"为主的国有资本授权经营改革，以市场化方式推进国企整合重组，推动国有资本和国有企业做强做优做大。根据对国有资本授权经营政策梳理和对改革试点实践经验的总结，本书发现以市场化方式推进国企整合重组是国有资本投资、运营公司的根本职责使命之一。本书的研究内容对国有资本授权经营影响国有企业并购绩效提供了经验证据，证明了在实际的改革试点过程中，国有资本授权经营能够有效提升国有企业的并购绩效，并且能够进一步提升国有企业竞争力和化解国有企业产能过剩，较好地实现政策预期目标。因此，应当继续深入推进国有资本授权经营体制改革，这是企业实现自身持续做强做优做大、实现高质量发展的重要抓手。

（2）在深入推进国有资本授权经营体制改革的过程中，要坚持因企施策、一企一策的改革推进原则，以更好地实现改革效果。本书的研究发现国有资本授权经营对国有企业并购绩效的提升作用因国有企业所属层级、所属行业性质、管理层权力大小和外部制度环境的不同而存在差异。在地方国有企业、竞争性国有企业、管理层权力小的国有企业以及外部制度环境较好的国有企业，国有资本授权经营对并购绩效的提升作用更为显著。因此，在深入推进国资监管体系改革的过程中，应按照分层分类的原则，精细严谨、稳妥推进的工作要求，坚持一企一策、因企施策，实行差异化授权，以确保改革的规范、有序推进。

（3）在加大授权放权力度的同时，要注意将放权和监管结合起来，强化监管力度和完善公司治理双管齐下，统筹规范管理层权力的行使。授权放权是国有资本授权经营的核心举措，贯穿于改革的全过程。然而，需要注意的是，授权放权可能会造成管理层权力的扩大。本书研究发现当管理层权力较大时，授权放权会进一步加剧国有企业管理层代理问题，助长本身就拥有较大权力的管理层的代理行为，削弱国有资本授权经营对并购绩效的提升作用。这说明在进一步深化国有资本授权经营改革时，为了避免管理层权力增大而引发的非预期效应，要注意将放权和监管结合起来，增强监管力度和完善公司治理双管齐下，统筹规范约束管理层权力的行使，保证授权经营防控到位，有效约束管理层行为，以促进国有资本授权经营更好地发挥正向治理作用。

7.2.2 国有企业层面

（1）为了确保国有资本授权经营切实发挥改革效果，国有资本投资、运营公司应当明确其自身定位，切实发挥去行政化的作用和履行出资人职责。一方面，国有资本授权经营通过改组组建国有资本投资、运营公司，形成了"国资委—国有资本投资运营公司—国有企业"的三层监管架构，国有资本投资、运营公司应当明确自身定位，切实发挥隔离层和屏障作用，促使政企分离，降低政府干预，促使国有企业的经营目标纯化并以企业价值最大化为导向进行并购交易，实现国有企业并购绩效的提升。另一方面，国有资本投资、运营公司应当切实承担国有资产出资者的角色，有效约束管理层机会主义行为，促使管理层更为审慎地选择并购交易对象，注重并购整合过程中的管理，从而确保取得更高的并购绩效。

（2）在国有资本授权经营改革的大背景下，国有企业应加强行权能力建设，完善公司治理能力，以确保国有企业层面能够运用好各项授权，更好地释放国有资本授权经营改革红利。首先，国有企业可以通过强化董事会建设来加强公司治理。同时，建立健全的董事绩效评估机制，激励董事履行职责，提高治理效能。其次，推行经理层市场化选聘和契约化管理是提升国有企业管理层专业化和市场化水平的有效途径。国有企业可以通过公开招聘或专业渠道选拔高层管理人才，建立明确的契约关系，将企业经营与管理人员的激励机制相结合，以提高国有企业的执行力和市场适应性。再次，优化集团管控能力也是关键步骤之一。国有企业通过完善集团内部管理机制、加强对子企业的监督和支持，以及强化资源配置和信息共享，实现更加高效的集团管控，提升整个国有企业集团的综合实力。最后，积极发展混合所有制是国有企业提升经营水平的战略选择。在投资企业积极发展混合所有制，鼓励有条件的企业上市，引进战略投资者以促使企业更好地适应市场需求，提高市场竞争力。

7.3 研究不足与展望

本书主要研究了国有资本授权经营对国有企业并购绩效的影响，进一步探究了两者的作用机制及经济后果，构建了国有资本授权经营对国有企业并购绩效影响的研究框架。但研究中仍存在一些不足之处，主要体现在以下几个方面：

第一，为保证研究样本的全面性和充分性，本书尽可能多地获取企业数据，但鉴于数据可得性的考虑，本书研究样本仅限于在沪深 A 股上市的国有企业，未考虑非上市公司。虽然国有企业并非都是上市公司，但因为"中国工业企业数据库"的资料范围不能满足本书的研究，本书最终的研究样本还是限定在国有上市公司，导致本书研究样本在全面性和充分性方面有所欠缺。此外，虽然本书除了讨论国有资本授权经营对企业并购绩效水平的影响外，还考察了两者之间的作用机制与经济后果，但是大样本的实证研究难以深入分析各个企业的具体情况，可能会导致本书在研究的深入性方面有所欠缺。因此，后续"中国工业企业数据库"持续更新，可以尝试利用其进行跟踪研究，将非上市国有公司也纳入研究中。同时，还可以选取几个在并购重组方面具有代表性的国有资本投资、运营公司进行案例分析。

第二，本书从并购目标选择和并购整合能力角度考察了国有资本授权经营影响国有企业并购绩效的作用机制，并且考虑到政府干预和高管机会主义行为可能引发国有企业在并购目标选择和资源整合阶段的不当行为，还进一步地考察了国有资本授权经营对此的治理作用。然而，国有资本授权经营对国有企业并购绩效的影响可能还存在一些其他的潜在机制，本书并未能全面探讨，可能会在一定程度上限制本书对国有资本授权经营影响国有企业并购绩效的全貌研究。因此，后续研究上还需要进一步探索发现其他影响机制，使本书的研究具有更大的启示意义。

第三，考虑到改组组建国有资本投资、运营公司是国有资本授权经营的核心举措，所以本书将国有资本投资、运营公司的改革试点作为判断企业是否进行国有资本授权经营改革的重要标志，探讨国有资本授权经营对国有企业并购绩效的影响效应、作用机制与经济后果。尽管改组组建国有资本投资、运营公司是国有资本授权经营的重要体现形式，但是混合所有制改革、董事会改革、市场化人才引聘等改革举措也是国有资本授权经营的辅助形式，这些内容的实证检验后续应进一步拓展研究。

参考文献

[1] 包群，唐诗，刘碧. 地方竞争、主导产业雷同与国内产能过剩 [J]. 世界经济，2017，40（10）：144-169.

[2] 薄彩香，王生年. 国资授权经营对国企全要素生产率的影响研究 [J]. 科研管理，2024，45（2）：83-92.

[3] 卜君，孙光国. 国资监管职能转变与央企高管薪酬业绩敏感性 [J]. 经济管理，2021，43（6）：117-135.

[4] 蔡宁. 文化差异会影响并购绩效吗——基于方言视角的研究 [J]. 会计研究，2019（7）：43-50.

[5] 陈爱贞，张鹏飞. 并购模式与企业创新 [J]. 中国工业经济，2019，381（12）：115-133.

[6] 陈道江. 国有资本投资运营的理性分析与路径选择 [J]. 中共中央党校学报，2014，18（2）：59-63.

[7] 陈冬华，陈富生，沈永建，等. 高管继任、职工薪酬与隐性契约——基于中国上市公司的经验证据 [J]. 经济研究，2011，46（S2）：100-111.

[8] 陈海东，吴志军. 国有企业数字化与市场竞争力关系的实证检验 [J]. 统计与决策，2022，38（23）：184-188.

[9] 陈少晖，陈平花. 国有企业并购重组的绩效差异评价与提升路径研究

［J］. 东南学术，2020（6）：85-95.

［10］ 陈胜蓝，马慧. 卖空压力与公司并购——来自卖空管制放松的准自然实
验证据［J］. 管理世界，2017（7）：142-156.

［11］ 陈仕华，姜广省，卢昌崇. 董事联结、目标公司选择与并购绩效——基
于并购双方之间信息不对称的研究视角［J］. 管理世界，2013（12）：
117-132；187-188.

［12］ 陈仕华，卢昌崇，姜广省，等. 国企高管政治晋升对企业并购行为的影
响——基于企业成长压力理论的实证研究［J］. 管理世界，2015，264
（9）：125-136.

［13］ 陈仕华，王雅茹. 企业并购依赖的缘由和后果：基于知识基础理论和成
长压力理论的研究［J］. 管理世界，2022，38（5）：156-175.

［14］ 陈仕华，张章，宋冰霜. 何种程度的失败才是成功之母？——并购失败
程度对后续并购绩效的影响［J］. 经济管理，2020，42（4）：20-36.

［15］ 陈信元，黄俊. 政府干预、多元化经营与公司业绩［J］. 管理世界，
2007（1）：92-97.

［16］ 陈信元，叶鹏飞，陈冬华. 机会主义资产重组与刚性管制［J］. 经济研
究，2003（5）：13-22；91.

［17］ 陈艳利，姜艳峰. 国有资本授权经营是否有助于缓解国有企业非效率投
资？［J］. 经济与管理研究，2021，42（8）：124-144.

［18］ 陈艳利，戚乃媛. 混合所有制并购能实现双方协同"共赢"吗？［J］. 产
业组织评论，2022，16（3）：178-197.

［19］ 陈艳利，钱怀安. 国有资本授权经营能否助力国有企业高质量发展——
来自A股国有上市公司的证据［J］. 中国地质大学学报（社会科学版），
2023，23（2）：103-119.

［20］ 初春虹，叶陈刚，申斐. 高管权力与企业并购绩效研究——基于产权性
质视角［J］. 软科学，2016，30（12）：95-99.

［21］ 崔永梅，王孟卓. 基于SCP理论兼并重组治理产能过剩问题研究——来
自工业行业面板数据实证研究［J］. 经济问题，2016（10）：7-13.

［22］ 方军雄. 政府干预、所有权性质与企业并购［J］. 管理世界，2008，180（9）：118-123；148；188.

［23］ 冯根福，吴林江. 我国上市公司并购绩效的实证研究［J］. 经济研究，2001（1）：54-61；68.

［24］ 耿云江，马影. 非国有大股东对国企超额雇员的影响：成本效应还是激励效应［J］. 会计研究，2020（2）：154-165.

［25］ 顾露露，R R.中国企业海外并购失败了吗？［J］. 经济研究，2011，46（7）：116-129.

［26］ 郭宏，李婉丽，高伟伟. 政治治理、管理层权力与国有企业过度投资［J］. 管理工程学报，2020，34（2）：71-83.

［27］ 国务院发展研究中心《进一步化解产能过剩的政策研究》课题组，赵昌文，许召元，等. 当前我国产能过剩的特征、风险及对策研究——基于实地调研及微观数据的分析［J］. 管理世界，2015（4）：1-10.

［28］ 韩朝华. 思维创新："三层架构"的国有资产管理体制改革［J］. 探索与争鸣，2015（6）：71-74.

［29］ 何小钢. 国有资本投资、运营公司改革试点成效与启示［J］. 经济纵横，2017（11）：45-52.

［30］ 何小钢. 国有资本投资运营公司改革与国企监管转型——山东、重庆和广东的案例与经验［J］. 经济体制改革，2018（2）：24-27.

［31］ 何瑛，马添翼. 董事会非正式层级与企业并购绩效［J］. 审计与经济研究，2021，36（2）：74-84.

［32］ 何瑛，汤贤正，侯粲然. 非国有股东参与治理与国有企业并购绩效——基于"双向混改"情境的研究［J］. 中南财经政法大学学报，2022（5）：3-17.

［33］ 胡迟. 国有资本投资、运营公司监管的新发展与强化对策［J］. 经济纵横，2017（10）：47-53.

［34］ 胡锋，黄速建. 对国有资本投资公司和运营公司的再认识［J］. 经济体制改革，2017（6）：98-103.

[35] 胡际权. 国有资本运营公司改革探索：逻辑框架与现实例证 [J]. 西南大学学报（社会科学版），2022，48（4）：121-129.

[36] 胡建雄. "釜底抽薪"还是"抱薪救火"——引入民营股东对国企并购效率的影响 [J]. 山西财经大学学报，2021，43（1）：85-99.

[37] 黄福广，王贤龙，田利辉，等. 标的企业风险资本、协同效应和上市公司并购绩效 [J]. 南开管理评论，2020，23（4）：96-106；165.

[38] 黄兴孪，沈维涛. 掏空或支持——来自我国上市公司关联并购的实证分析 [J]. 经济管理，2006（12）：57-64.

[39] 黄兴孪，沈维涛. 政府干预、内部人控制与上市公司并购绩效 [J]. 经济管理，2009，31（6）：70-76.

[40] 姜付秀，张敏，陆正飞，等. 管理者过度自信、企业扩张与财务困境 [J]. 经济研究，2009，44（1）：131-143.

[41] 蒋冠宏. 并购如何提升企业市场势力——来自中国企业的证据 [J]. 中国工业经济，2021（5）：170-188.

[42] 蒋冠宏. 企业并购如何影响绩效：基于中国工业企业并购视角 [J]. 管理世界，2022，38（7）：196-212.

[43] 蒋薇，张晓明. 终极所有权视角下的关联并购行为研究 [J]. 现代财经（天津财经大学学报），2019，39（9）：69-85.

[44] 姜英兵. 双重政治联系与并购溢价——基于2003—2012年A股上市公司并购事件的实证研究 [J]. 宏观经济研究，2014（2）：63-71.

[45] 金碚. 企业竞争力测评的理论与方法 [J]. 中国工业经济，2003（3）：5-13.

[46] 赖黎，巩亚林，夏晓兰，等. 管理者从军经历与企业并购 [J]. 世界经济，2017，40（12）：141-164.

[47] 李端生，宋璐. 国有资本投资运营公司成立提高企业价值了吗？——来自中央企业和省级改革试点的经验数据 [J]. 经济与管理研究，2020，41（10）：103-120.

[48] 李钢. 财务指标对企业竞争力影响的实证分析 [J]. 管理科学，2004

（2）：72-77.

[49] 李济含，刘淑莲. 混合所有制、非国有大股东治理与国有企业并购效
　　　率 [J]. 审计与经济研究，2021，36（4）：69-79.

[50] 黎精明，汤群. 国有资本授权经营改革的基本范式及理论支撑 [J]. 财
　　　会月刊，2020（9）：98-103.

[51] 李井林. 混合所有制改革有助于提升国有企业投资效率吗？[J]. 经济管
　　　理，2021，43（2）：56-70.

[52] 李路，肖土盛. 收购方管理层职位变迁：基于中国并购市场的证据 [J].
　　　中央财经大学学报，2018（3）：51-64.

[53] 李路，肖土盛，贺宇倩，等. 收购管理层语言经历、文化整合与并购
　　　绩效 [J]. 会计研究，2020（2）：90-100.

[54] 李青原，田晨阳，唐建新，等. 公司横向并购动机：效率理论还是市场
　　　势力理论——来自汇源果汁与可口可乐的案例研究 [J]. 会计研究，
　　　2011（5）：58-64；96.

[55] 李善民，黄灿，史欣向. 信息优势对企业并购的影响——基于社会网络
　　　的视角 [J]. 中国工业经济，2015（11）：141-155.

[56] 李善民，黄志宏，郭菁晶. 资本市场定价对企业并购行为的影响研
　　　究——来自中国上市公司的证据 [J]. 经济研究，2020，55（7）：
　　　41-57.

[57] 李善民，毛雅娟，赵晶晶. 高管持股、高管的私有收益与公司的并购行
　　　为 [J]. 管理科学，2009，22（6）：2-12.

[58] 李善民，刘永新. 并购整合对并购公司绩效的影响——基于中国液化气
　　　行业的研究 [J]. 南开管理评论，2010，13（4）：154-160.

[59] 李善民，史欣向，万自强. 关联并购是否会损害企业绩效？——基于
　　　DEA-SFA二次相对效益模型的研究 [J]. 金融经济学研究，2013，28
　　　（3）：55-67.

[60] 李善民，曾昭灶，王彩萍，等. 上市公司并购绩效及其影响因素研究
　　　[J]. 世界经济，2004（9）：60-67.

[61]　李善民，朱滔. 多元化并购能给股东创造价值吗？——兼论影响多元化并购长期绩效的因素 [J]. 管理世界，2006（3）：129-137.

[62]　李卫民，黄旭. 我国上市公司女性高管对企业并购绩效的影响研究 [J]. 管理工程学报，2014，28（3）：18-25；73.

[63]　李文贵，余明桂. 产权保护与民营企业国有化 [J]. 经济学（季刊），2017，16（4）：1341-1366.

[64]　李文贵，余明桂，钟慧洁. 央企董事会试点、国有上市公司代理成本与企业绩效 [J]. 管理世界，2017（8）：123-135；153.

[65]　李雪松，赵宸宇，聂菁. 对外投资与企业异质性产能利用率 [J]. 世界经济，2017，40（5）：73-97.

[66]　李曜，宋贺. 风险投资支持的上市公司并购绩效及其影响机制研究 [J]. 会计研究，2017（6）：60-66；97.

[67]　李增泉，余谦，王晓坤. 掏空、支持与并购重组——来自我国上市公司的经验证据 [J]. 经济研究，2005（1）：95-105.

[68]　廖冠民，沈红波. 国有企业的政策性负担：动因、后果及治理 [J]. 中国工业经济，2014（6）：96-108.

[69]　廖红伟，李凌杰. 完善国资监管体制与深化国有企业改革协同发展路径研究 [J]. 内蒙古社会科学，2021，42（4）：112-120.

[70]　廖红伟，杨良平. 以管资本为主新型监管体制下的国有企业深化改革研究 [J]. 学习与探索，2018（12）：125-132.

[71]　林毅夫，李志赟. 政策性负担、道德风险与预算软约束 [J]. 经济研究，2004（2）：17-27.

[72]　刘纪鹏，刘彪，胡历芳. 中国国资改革：困惑、误区与创新模式 [J]. 管理世界，2020，36（1）：60-68；234.

[73]　柳建华，徐婷婷，杨祯奕. 管理层能力、长期激励与商誉减值 [J]. 会计研究，2021（5）：41-54.

[74]　刘莉亚，金正轩，何彦林，等. 生产效率驱动的并购——基于中国上市公司微观层面数据的实证研究 [J]. 经济学（季刊），2018，17（4）：

1329-1360.

[75] 刘睿智，胥朝阳，周超. 并购整合对企业并购绩效影响的实证研究 [J]. 北京交通大学学报（社会科学版），2014，13（2）：49-57.

[76] 刘笑萍，黄晓薇，郭红玉. 产业周期、并购类型与并购绩效的实证研究 [J]. 金融研究，2009（3）：135-153.

[77] 刘星，吴雪姣. 政府干预、行业特征与并购价值创造——来自国有上市公司的经验证据 [J]. 审计与经济研究，2011，26（6）：95-103.

[78] 柳学信. 国有资本的公司化运营及其监管体系催生 [J]. 改革，2015（2）：23-33.

[79] 刘钊，王志强，肖明芳. 产权性质、资本结构与企业并购——基于中国制度背景的研究 [J]. 经济与管理研究，2014（2）：32-40.

[80] 逯东，黄丹，杨丹. 国有企业非实际控制人的董事会权力与并购效率 [J]. 管理世界，2019，35（6）：119-141.

[81] 逯东，林高，黄莉，等. "官员型"高管、公司业绩和非生产性支出——基于国有上市公司的经验证据 [J]. 金融研究，2012（6）：139-153.

[82] 罗党论，唐清泉. 市场环境与控股股东"掏空"行为研究——来自中国上市公司的经验证据 [J]. 会计研究，2007（4）：69-74；96.

[83] 罗进辉，黄泽悦，朱军. 独立董事地理距离对公司代理成本的影响 [J]. 中国工业经济，2017（8）：100-119.

[84] 马勇，王满，马影. 非国有股东参与治理能提升国企并购绩效吗？[J]. 管理评论，2022，34（7）：57-70.

[85] 马勇，王满，彭博. 非国有股东委派董事对国企并购绩效的影响研究 [J]. 现代财经（天津财经大学学报），2020，40（5）：20-40.

[86] 马忠，张冰石，夏子航. 以管资本为导向的国有资本授权经营体系优化研究 [J]. 经济纵横，2017（5）：20-25.

[87] 麦磊，王广亮，顾棽. 国有资本投资运营公司与国企改革 [J]. 现代经济探讨，2016（8）：53-57.

[88] 孟凡臣，肖盼，刘博文. 跨文化吸收能力对国际并购绩效的影响分

析 [J]. 科研管理，2016，37（6）：151-158.

[89] 潘红波，夏新平，余明桂. 政府干预、政治关联与地方国有企业并购 [J]. 经济研究，2008，480（4）：41-52.

[90] 潘红波，余明桂. 支持之手、掠夺之手与异地并购 [J]. 经济研究，2011，46（9）：108-120.

[91] 潘艺，张金昌. 数字化转型与企业竞争力：契机还是危机？——来自中国A股上市企业的经验证据 [J]. 产业经济研究，2023（3）：87-99.

[92] 綦好东，吕振伟，苏琪琪. 国有资本授权经营体制改革与国有企业杠杆率 [J]. 经济管理，2022，44（10）：39-55.

[93] 綦好东，吕振伟，苏琪琪. 国有资本授权经营体制改革与国有资产保值增值 [J]. 财务研究，2023（3）：11-24.

[94] 饶品贵，汤晟，李晓溪. 地方政府债务的挤出效应：基于企业杠杆操纵的证据 [J]. 中国工业经济，2022（1）：151-169.

[95] 任曙明，许梦洁，王倩，等. 并购与企业研发：对中国制造业上市公司的研究 [J]. 中国工业经济，2017（7）：137-155.

[96] 任天龙，陈志军. 国企高管政治晋升、公司多元化与绩效——基于倾向得分匹配法（PSM）的实证研究 [J]. 东岳论丛，2017，38（3）：155-160.

[97] 沈尤佳，邬欣欣. 从管理国有企业到管理国有资本——生产资本形式的国有企业与货币资本形式的国有资本关系研究 [J]. 中共中央党校（国家行政学院）学报，2021，25（4）：100-106.

[98] 盛明泉，张春强. 基于不同并购类型的企业并购价值效应研究 [J]. 商业经济与管理，2011（9）：74-80.

[99] 宋贺，段军山. 财务顾问与企业并购绩效 [J]. 中国工业经济，2019（5）：155-173.

[100] 宋献中，周昌仕. 股权结构、大股东变更与收购公司竞争优势——来自中国上市公司的经验证据 [J]. 财经科学，2007（5）：32-40.

[101] 孙烨，侯力赫，刘金桥. 累积经验与并购绩效：从成功和失败中学

习［J］．财经论丛，2021（8）：69-80．

[102]　谭静，范亚辰，周卫华．国有资本授权经营体制改革：进展与深化［J］．中央财经大学学报，2023（8）：23-30；41．

[103]　唐清泉，韩宏稳．关联并购与公司价值：会计稳健性的治理作用［J］．南开管理评论，2018，21（3）：23-34．

[104]　佟岩，林宇彤，李鑫．经济政策不确定性与长期并购绩效［J］．北京理工大学学报（社会科学版），2021，23（1）：53-66．

[105]　王宏利．提高并购绩效的目标公司选择研究——基于预测目标公司一般特征的研究方法［J］．管理世界，2005（3）：137-144．

[106]　王凯，王辰烨．国有资本投资运营公司组建对企业创新的影响研究——基于准自然实验的证据［J］．管理学刊，2023，36（1）：120-139．

[107]　王曙光，王天雨．国有资本投资运营公司：人格化积极股东塑造及其运行机制［J］．经济体制改革，2017（3）：116-122．

[108]　王曙光，徐余江．混合所有制经济与国有资产管理模式创新——基于委托-代理关系视角的研究［J］．中共中央党校学报，2016，20（6）：96-102．

[109]　王曙光，杨敏．地方国有资本投资运营平台：模式创新与运行机制［J］．改革，2018（12）：131-141．

[110]　王小鲁，樊纲，胡李鹏．中国分省份市场化指数报告（2018）［M］．北京：社会科学文献出版社．2019．

[111]　王雪，廖强，王钰涵．国有资本投资运营公司改革和企业自愿性信息披露［J］．当代财经，2023（3）：144-156．

[112]　王艳，阚铄．企业文化与并购绩效［J］．管理世界，2014，254（11）：146-157；163．

[113]　王艳，李善民．社会信任是否会提升企业并购绩效？［J］．管理世界，2017（12）：125-140．

[114]　王艳，年洁，杨明晖．"非国有派"董事与国有企业混合所有制并购绩效［J］．经济管理，2023，45（3）：87-106．

[115] 王艳，徐淑芳，何竺虔. 谁更能顺水推舟？来自并购绩效影响因素的经验证据 [J]. 管理评论，2020，32（9）：280-295.

[116] 王治，黄文敏. 国有资本投资运营公司试点的价值 [J]. 北京社会科学，2022（8）：94-106.

[117] 王一棣，田高良，韩洁. 关联并购的并购绩效研究——基于现金流视角 [J]. 经济问题，2017（5）：110-116.

[118] 卫婧婧. 国有企业并购行为对全要素生产率的影响——基于目标企业所有制类型的考察 [J]. 商业经济与管理，2017（4）：89-96.

[119] 温忠麟. 张雷，侯杰泰，等. 中介效应检验程序及其应用 [J]. 心理学报，2004（5）：614-620.

[120] 巫岑，饶品贵. 并购能化解企业的产能过剩吗？[J]. 财务研究，2022（3）：19-34.

[121] 巫岑，唐清泉. 关联并购具有信息传递效应吗？——基于企业社会资本的视角 [J]. 审计与经济研究，2016，31（2）：81-90.

[122] 吴超鹏，吴世农，郑方镳. 管理者行为与连续并购绩效的理论与实证研究 [J]. 管理世界，2008（7）：126-133；188.

[123] 吴联生. 国有股权、税收优惠与公司税负 [J]. 经济研究，2009，44（10）：109-120.

[124] 肖土盛，孙瑞琦. 国有资本投资运营公司改革试点效果评估——基于企业绩效的视角 [J]. 经济管理，2021，43（8）：5-22.

[125] 谢洪明，章俨，刘洋，等. 新兴经济体企业连续跨国并购中的价值创造：均胜集团的案例 [J]. 管理世界，2019，35（5）：161-178；200.

[126] 徐经长，李博文. 配套协同还是增发陷阱？——我国上市公司重大资产重组配套融资的并购绩效分析 [J]. 中国人民大学学报，2022，36（5）：165-179.

[127] 徐文进. "管资本"功能视角下国有资本投资运营公司研究 [J]. 东吴学术，2020（5）：123-128.

[128] 杨道广，张传财，陈汉文. 内部控制、并购整合能力与并购业绩——来

自我国上市公司的经验证据［J］. 审计研究，2014（3）：43-50.

[129] 杨德明，赵璨. 超额雇员、媒体曝光率与公司价值——基于《劳动合同法》视角的研究［J］. 会计研究，2016（4）：49-54；96.

[130] 杨李娟，熊凌云. 国有资本投资运营公司改革能提升国有企业投资效率吗?［J］. 当代财经，2023（3）：131-143.

[131] 杨茗，刘法坤，周军. 国企高管权力对并购绩效影响的实证研究［J］. 统计与决策，2015（15）：181-184.

[132] 杨茗，周军. 高管权力对国企并购行为影响的实证［J］. 统计与决策，2016（18）：185-188.

[133] 杨瑞龙，王元，聂辉华. "准官员"的晋升机制：来自中国央企的证据［J］. 管理世界，2013（3）：23-33.

[134] 杨兴全，李文聪，尹兴强. 国资管理体制改革与国企创新——基于"两类公司"设立的证据［J］. 经济管理，2022，44（6）：24-42.

[135] 姚益龙，刘巨松，刘冬妍. 要素市场发展差异、产权性质与异地并购绩效［J］. 南开管理评论，2014，17（5）：102-111.

[136] 叶陈云，杨克智. 国有资本投资运营公司内部审计规制体系构建研究［J］. 审计研究，2015（6）：100-107.

[137] 余淼杰，金洋，张睿. 工业企业产能利用率衡量与生产率估算［J］. 经济研究，2018，53（5）：56-71.

[138] 余鹏翼，王满四. 上市公司董事多重职位与企业并购绩效研究［J］. 中国软科学，2018（1）：100-109.

[139] 袁天荣，王霞. 财务报告信息可比性与上市公司并购绩效［J］. 中南财经政法大学学报，2021（4）：26-36；158-159.

[140] 岳希明，李实，史泰丽. 垄断行业高收入问题探讨［J］. 中国社会科学，2010（3）：77-93；221-222.

[141] 曾庆生，陈信元. 国家控股、超额雇员与劳动力成本［J］. 经济研究，2006（5）：74-86.

[142] 张弛，余鹏翼. 制度距离对中国企业跨国并购绩效影响的差异性——基

于水平与垂直并购的比较［J］. 国际经贸探索，2017，33（2）：44-58.

[143] 张佳佳. 数字金融、技术创新与企业竞争力——来自中国 A 股上市企业的实证证据［J］. 南方金融，2023（1）：23-36.

[144] 张宁，才国伟. 国有资本投资运营公司双向治理路径研究——基于沪深两地治理实践的探索性扎根理论分析［J］. 管理世界，2021，37（1）：108-127；8.

[145] 张少华，蒋伟杰. 中国的产能过剩：程度测算与行业分布［J］. 经济研究，2017，52（1）：89-102.

[146] 张维迎. 社会合作的制度基础［J］. 读书，2014（1）：61-69.

[147] 张雯，张胜，李百兴. 政治关联、企业并购特征与并购绩效［J］. 南开管理评论，2013，16（2）：64-74.

[148] 张先治，杜春明. 管理层能力与并购过程价值创造［J］. 财经问题研究，2020（12）：78-88.

[149] 张新. 并购重组是否创造价值？——中国证券市场的理论与实证研究［J］. 经济研究，2003（6）：20-29；93.

[150] 张旭，宋超，孙亚玲. 企业社会责任与竞争力关系的实证分析［J］. 科研管理，2010，31（3）：149-157.

[151] 赵乐，王琨. 高管团队内部网络与并购绩效［J］. 金融研究，2020（11）：170-187.

[152] 郑志刚，孙娟娟，O R.任人唯亲的董事会文化和经理人超额薪酬问题［J］. 经济研究，2012，47（12）：111-124.

[153] 周黎安. 晋升博弈中政府官员的激励与合作——兼论我国地方保护主义和重复建设问题长期存在的原因［J］. 经济研究，2004（6）：33-40.

[155] 周绍妮，王中超，操群. 高管权力、机构投资者与并购绩效［J］. 财经论丛，2019（9）：73-81.

[156] 周绍妮，王中超，张红芳. 民营参股、市场化进程与国企市场竞争力［J］. 北京交通大学学报（社会科学版），2020，19（3）：64-73.

[156] 周绍妮，文海涛. 基于产业演进、并购动机的并购绩效评价体系研

究 [J]. 会计研究，2013（10）：75-82；97.

[157] 周绍妮，张秋生，胡立新. 机构投资者持股能提升国企并购绩效吗？——兼论中国机构投资者的异质性 [J]. 会计研究，2017，356（6）：67-74；97.

[158] 周小春，李善民. 并购价值创造的影响因素研究 [J]. 管理世界，2008（5）：134-143.

[159] 周中胜，贺超，韩燕兰. 高管海外经历与企业并购绩效：基于"海归"高管跨文化整合优势的视角 [J]. 会计研究，2020（8）：64-76.

[160] 朱炜，李伟健，綦好东. 中国国有资产监管体制演进的主要历程与基本特征 [J]. 经济学家，2022（2）：97-108.

[161] ANDRADE G, STAFFORD M E.New evidence and perspectives on mergers [J]. The Journal of Economic Perspectives, 2001, 15（2）：103-120.

[162] ANG J S, COLE R A, LIN J W.Agency costs and ownership structure [J]. The Journal of Finance, 2000, 55（1）：81-106.

[163] BAUER F, MATZLER K.Antecedents of M&A Success: The role of strategic complementairty, cultural fit, and degree and speed of integration [J]. Strategic Management Journal, 2014, 35（2）：269-291.

[164] BAUMOL W J.Business behavior, value and growth [J]. Economica, 1960, 27（7）：274.

[165] BAUMOL W J.Macroeconomics of unbalanced growth: The anatomy of urban crisis [J]. American Economic Review, 1967, 57（3）：415-426.

[166] BECK T, LEVINE R, LEVKOV A.Big bad banks? The winners and losers from bank deregulation in the United States [J]. Journal of Finance, 2010, 65（5）：1637-1667.

[167] BERNAD C, FUENTELSAZ L, GOMEZ J.The effect of mergers and acquisitions on productivity: An empirical application to Spanish banking [J]. Omega, 2010, 38（5）：283-293.

[168] BERNDT E R, MORRISON C J.Capacity utilization measures: Underlying

economic theory and an alternative approach [J]. American Economic Review, 1981, 71 (2): 48-52.

[169] BERTRAND O.Effects of foreign acquisitions on R&D activity: Evidence from firm-level data for France [J]. Research Policy, 2009, 38 (6): 1021-1031.

[170] BLACK E L, DOUKAS A J, XING X, et al.Gains to Chinese bidder firms: Domestic vs. foreign acquisitions [J]. European Financial Management, 2015, 21 (5): 905-935.

[171] CAI Y, SEVILIR M.Board connections and M&A transaction [J]. Journal of Financial Economics, 2012, 103 (2): 327-349.

[172] CAO X, LEMMON M, PAN X F, et al. Political promotion, CEO incentives, and the relationship between pay and performance [J]. Management Science, 2019, 65 (7): 2947-2965.

[173] CAO Y, QIAN Y, WEINGAST B. From federalism, Chinese style, to privatization, Chinese style [J]. Economics of Transition, 1999, 7 (1): 103-301.

[174] CAPRON L, SHEN J C. Acquisitions of private vs. public firms: Private information, target selection, and acquirer returns [J]. Strategic Management Journal, 2007, 18 (9): 891-911.

[175] CHATTERJEE S. Types of synergy and economic value: The impact of acquisitions on merging and rival firms [J]. Strategic Management Journal, 1986, 7 (2): 119-139.

[176] CHEN D, KIM J B, LI O Z, et al.China's closed pyramidal managerial labor market and the stock price crash risk [J]. The Accounting Review, 2018, 93 (3): 105-131.

[177] CHI J, SUN Q, YOUNG M. Performance and characteristics of acquiring firms in the Chinese stock markets [J]. Emerging Markets Review, 2011, 12 (2): 152-170.

[178] CIOLI V, GIANNOZZI A, IPPOLITI V, et al. Cross-border M&A and financial performance: Empirical evidence on bidder/target companies [J]. International Journal of Business and Management, 2020, 15 (4): 67-86.

[179] DAVID J M.The aggregate implications of mergers and acquisitions [J]. The Review of Economic Studies, 2021, 88 (4): 1796-1830.

[180] DENICOLO V, POLP M.Duplicative research, mergers and innovation [J]. Economics Letters, 2018, 166 (5): 56-59.

[181] DENIS D J, DENIS D K, SARIN A.Agency problems, equity ownership, and corporate diversification [J]. The Journal of Finance, 1997, 52 (1): 135-160.

[182] DENIS D J, MCCONNELL J J.International corporate governance [J]. Journal of Financial and Quantitative Analysis, 2003, 38 (1): 1-36.

[183] DEVOS E, KADAPAKKAM P, KRISHNAMURTHY S.How do mergers create value? A comparison of taxes, market power, and efficiency improvements as explanations for synergies [J]. Review of Financial Studies, 2009, 22 (3): 1179-1211.

[184] ECKBO B E.Corporate takeovers and economic efficiency [J]. Annual Review of Financial Economics, 2014, 6 (1): 51-74.

[185] ELGERS P T, CLARK J J.Merger types and shareholder returns: Additional evidence [J]. Financial Management, 1980, 9 (2): 66-72.

[186] FAN J, GOYAL V K.On the patterns and wealth effects of vertical mergers [J]. Journal of Business, 2006, 79 (2): 877-902.

[187] FAN J, LANG L.The measurement of relatedness: An application to corporate diversification [J]. Journal of Business, 2000, 73 (4): 629-660.

[188] FEDERICO G, LANGUS G, VAKKETTI T.A simple model of mergers and innovation [J]. Economics Letters, 2017, 157 (4): 136-140.

[189] FINKELSTIN S.Power in top management teams: Dimensions, measurement

and validation [J]. The Academy of Management Journal, 1992, 35 (3):
505-538.

[190] FINKELSTEIN S, HAMBRICK D, CANNELLA A. Strategic leadership
[M]. Oxfprd: Oxford University Press., 2009.

[191] GARCIA S M, NEWTON C.Current situation, trends and prospects in world
capture fisheries [C]. Conference on Fisheries Management, 1995.

[192] GEARY N. Understanding synergy [J]. American Journal of Physiology-
Endocrinology and Metabolism, 2013, 304 (3): E237-E253.

[193] GIBBONS R, MURPHY K J.Optimal incentive contracts in the presence of
career concerns: Theory and evidence [J]. Journal of Political Economy,
1992, 100 (3): 468-505.

[194] GOLUBOV A, PETMEZAS D, TRAVLOS N G.When it pays to pay your
investment banker: New evidence on the role of financial advisors in M&A
[J]. Journal of Finance, 2012, 67 (1): 271-311.

[195] GORANOVA M L, PRIEM R L, NDOFOR H A, et al.Is there a "Dark
Side" to monitoring? Board and shareholder monitoring effects on M&A
performance extremeness [J]. Strategic Management Journal, 2017, 38
(11), 2285-2297.

[196] GRAEBNER M E, HEIMERIKS K H, HUY Q N, et al.The process of post-
merger integration: A review and agenda for future research [J]. Academy
of Management Annals, 2017, 11 (1): 1-32.

[197] GREVE H R.A behavioral theory of firm growth: Sequential attention to size
and performance goals [J]. Academy of Management Journal, 2008, 51
(3): 476-494.

[198] GREVE H R, ZHANG C M.Institutional logics and power sources: Merger
and acquisition decisions [J]. Academy of Management Strategy, 2017, 18
(3): 817-844.

[199] GRINSTEIN Y, HRIBAR P.CEO compensation and incentives: Evidence

from M&A bonuses［J］. Journal of Financial Economics，2004，71（1）：119-143.

［200］ GUADALUPE M，KUZMINA O，THOMAS C. Innovation and foreign ownership［J］. American Economic Review，2012，102（7）：3594-3627.

［201］ HASPESLAGH P C，JEMISON D B. Managing acquisitions：Creating value through corporate renewal［J］. The Academy of Management Review，1993，18（2）：370-374.

［202］ HARDING D，ROVIT S. Building deals on bedrock［J］. Harvard Business Review，2004，82（9）：121-128.

［203］ HAUCAP J，RASCH A，STIEBALE J. How merger affect innovation：Theory and evidence［J］. International Journal of Industrial Organization，2019，63（3）：283-325.

［204］ HIGGINS R C，SCHALL L D. Corporate bankruptcy and conglomerate mergers［J］. The Journal of Finance，1975，30（1）：93-113.

［205］ JACKSON K D. Introduction：The roots of the crisis，in Asian contagion：The causes and consequences of a financial crisis［M］. Boulder：Westview Press，1999.

［206］ JEMISON D B，SITKIN S B. Corporate acquisitions：A process perspective［J］. Academy of Management Review，1986，11（1）：145-163.

［207］ JENSEN M C. Agency costs of free cash flow，corporate finance，and takeovers［J］. The American Economic Review，1986，76（2）：323-329.

［208］ JENSEN M C，MECKLING W. Theory of the firm：Managerial behavior，agency costs and ownership structure［J］. Journal of Financial Economics，1976，3（4）：305-360.

［209］ JEONG N. Diversity management and postmergers and acquisitions performance［J］. Management Decision，2021，59（10）：2369-2384.

［210］ KIM J，HALEBLIAN J，FINKELSTEIN S. When firms are desperate to grow via acquisition：The effect of growth patterns and acquisition experience on

acquisition premiums [J]. Administrative Science Quarterly, 2011, 56
(1): 26-60.

[211] LAURIE D, DOZ Y L, SHEER C. Creating new growth platforms [J].
Harvard Business Review, 2006, 84 (5): 80-90.

[212] LERNER J, SORENSEN M, STROMBERG P. Private equity and long-run
investment: The case of innovation [J]. The Journal of Finance, 2011, 66
(2): 445-477.

[213] LI H B, ZHOU L A. Political turnover and economic performance: The
incentive role of personnel control in China [J]. Journal of Public
Economics, 2005, 89 (9-10): 1743-1762.

[214] LIN J Y, CAI F, LI Z. Competition, policy burdens, and state-owned
enterprise reform [J]. The American Economic Review, 1998, 88 (2):
422-427.

[215] LYU H, WANG W. Individual financial advisor's reputation concern and
M&A performance: Evidence from China [J]. Pacific-Basin Finance
Journal, 2020, 60 (4): 1-17.

[216] MAKSIMOVIC V, PHILLIPS G. The market for corporate assets: Who
engages in mergers and asset sales and are there efficiency gains? [J].
Journal of Finance, 2001, 56 (6): 2019-2065.

[217] MAKSIMOVIC V, PHILLIPS G, YANG L. Private and public merger waves
[J]. Journal of Finance, 2013, 68 (5): 2177-2217.

[218] MALMENDIER U, TATE G. Who makes acquisitions? CEO overconfidence
and the market's reaction [J]. Journal of Financial Economics, 2008, 89
(1): 20-43.

[219] MARCH J G, SHAPIRA Z. Managerial perspectives on risk and risk taking
[J]. Management Science, 1987, 33 (11): 1404-1418.

[220] MARRIS R L. Economic theory of managerial capitalism [M]. London:
Macmillan, 1964.

[221] MARTYNOVA M, RENNEBOOG L. Spillover of corporate governance standards in cross-border mergers and acquisitions [J]. Journal of Corporate Finance, 2008, 14 (3): 200-223.

[222] MONTGOMERY C A, SINGH H. Diversification strategy and systematic risk [J]. Strategic Management Journal, 1984, 5 (2): 181-191.

[223] MORCK R, SHLEIFER A, VISHNY R W. Do managerial objectives drive bad acquisitions [J]. The Journal of Finance, 1990, 45 (1): 31-48.

[224] MOSER P, VOENA A. Compulsory licensing, evidence from the trading with the enemy act [J]. American Economic Review, 2012, 102 (1): 396-427.

[225] ORNAGHI C. Mergers and innovation in big pharma [J]. International Journal of Industrial Organization, 2009, 27 (1): 70-79.

[226] PALEPU K G. Predicting takeover targets: A methodological and empirical analysis [J]. Journal of Accounting and Economics, 1986, 8 (1): 3-35.

[227] PERESS J. Product market competition, insider trading, and stock market efficiency [J]. The Journal of Finance, 2010, 65 (1): 1-43.

[228] PONCET S. A fragmented China: Measure and determinants of China's domestic market disintegration [J]. Review of International Economics, 2005, 13 (3): 409-430.

[229] PRABHU J C, CHANDY R K, ELLIS M E. The impact of acquisition on innovation: Poison pill, placebo, or tonic [J]. Journal of Marketing, 2005, 69 (1): 114-130.

[230] QIAN Y, ROLAND G, XU C. Coordination and experimentation in M-Form and U-Form organizations [J]. Journal of Political Economy, 2006, 114 (2): 366-402.

[231] RAJAN R G, ZINGALES L. Which capitalism? Lessons from the East Asian crisis [J]. Journal of Applied Corporate Finance, 1998, 11 (3): 40-48.

[232] SCHOAR A. Effects of corporate diversification on productivity [J]. The

Journal of Finance, 2002, 57 (6): 2379-2403.

[233] SCHRIBER S, KING D R, BAUER F.Deadly sins and corporate acquisitions
       [J]. Culture and Organization, 2021, 27 (1): 1-15.

[234] SCHWEIZER D, WALKER T, ZHANG A. Cross-border acquisitions by
       Chinese enterprises: The benefits and disadvantages of political connections
       [J]. Journal of Corporate Finance, 2019, 57 (8): 63-85.

[235] SERVAES H.Tobin's Q and the gains from takeovers [J]. The Journal of
       Finance, 1991, 46 (1): 409-419.

[236] SHI W, HOSKISSON R E, ZHANG Y A.Independent director death and
       CEO acquisitiveness: Build an empire or pursue a quiet life? [J]. Strategic
       Management Journal, 2017, 38 (3): 780-792.

[237] SHLEIFER A, VISHNY R W. Management entrenchment: The case of
       manager-specific investments [J]. Journal of Financial Economics, 1989,
       25 (1): 123-139.

[238] SHLEIFER A, VISHNY R.The grabbing hand: Government pathologies and
       their curse [M]. Cambridge, MA: Harvard University Press, 1998.

[239] STEIN L C, ZHAO H. Independent executive directors: How distraction
       affects their advisory and monitoring roles [J]. Journal of Corporate Finance,
       2019, 56 (6): 199-223.

[240] STIEBALE J, REIZE F.The impact of FDI through mergers and acquisitions
       on innovation in target firms [J]. International Journal of Industrial
       Organization, 2011, 29 (2): 155-167.

[241] STIEBALE J, VENCAPPA D. Acquisitions, markups, efficiency, and
       product quality: Evidence from India [J]. Journal of International
       Economics, 2018, 112 (3): 70-87.

[242] SZÜCS F.M&A and R&D: Asymmetric effects on acquirers and targets [J].
       Research Policy, 2014, 43 (7): 1264-1273.

[243] YANG J, GUARIGLIA A, GUO J M.To what extent does corporate liquidity

affect M&A decisions, method of payment and performance? Evidence from China [J]. Journal of Corporate Finance, 2019, 54 (2): 128-152.

[244] YERMACK D. Flights of fancy: Corporate jets, CEO perquisites, and inferior shareholder returns [J]. Journal of Financial Economics, 2006, 80 (1): 211-242.

[245] ZHANG Y, WALDMAN D A, HAN Y L, et al.Paradoxical leader behaviors in people management: Antecedents and consequences [J]. Academy of Management Journal, 2015, 58 (2): 538-566.

[246] ZHOU B, GUO J, HUA J, et al. Does state ownership drive M&A performance? Evidence from China [J]. European Financial Management, 2015, 21 (1): 79-105.

[247] AHUJA G, KATILA R.Technological acquisitions and the innovation performance of acquiring firms: A longitudinal study [J]. Strategic Management Journal, 2001, 22 (3): 197-220.

索引

比较优势理论—12，14，15，60，69-71，75，76，83，145

并购绩效—3，4，6-18，20，25，27-44，45，60，74-84，86-92，
　　94，97，99，100，103，105，107，109，111，113，114，
　　116-120，122，123，125，127，128，131，132，134，135，
　　137-147，149，151，154，160，161，163，177，180，183-
　　186，188-197，200，201，203，204，206，208-212，215，
　　217，219-227

并购目标选择—3，4，6-8，10，11，13，17，29，31，45，80，
　　140-143，183，188，189，222，223，227

并购协同理论—10，11，12，14，60，73，75，76

并购整合能力—11，13，45，76，140，141，143-145，147-152，
　　154，158，160，163，165-167，170，172，173，175，177，
　　178，180，181，183，185，186，188，189，194，217，220，
　　222，223，227

产权理论—10-12，14，15，24，60，64-66，75，76，219

出资者财务理论—10，12，15，60，61，63，75，82，219

股东积极主义理论—11，12，14，60，71-73，75，76，143

国有资本授权经营—4-18，20，24，25，44，45，49，53-55，57，59，60，62，63，68，71-79，81-84，86，87，89，90，92，94，96，97，99，100，103，105-107，109，112，114，116，117，119，122，123，125，127，128，130-147，149-152，154-156，158，160，161，163，165，166，167，170，172，173，175，177，178，180，181，183-186，188-197，200，203，204，206，208-212，215，217，219-227

有效管理幅度理论—11，12，14，15，60，66-68，75，76，83，145，219